プロが教える
不動産投資の真実

山内真也
アセットコンサルタント

プラチナ出版

はじめに

不動産投資は決してリスクの高い投資ではなく、私たち個人が今の仕事をしながらでも副業としてやっていける、至って簡単なわかりやすい事業です。その事業リスクに対して不動産投資のリターンというのは、一般的にも「ミディアムリスク・ミディアムリターン」といわれるくらい、決して利回りの高いものではなく、長期計画によってコツコツと運用を進め、安定した資産を形成していくものだと考えます。

たとえば、日ごろ私たちが取り扱う中古のワンルームマンションを現金で購入すれば、実質の利回りで4・5〜5％、融資を使ってレバレッジを効かせば、せいぜい8〜10％くらいの投資利回りです。でもこうした投資を繰り返し行い、自己投資額の運用を意識することで、リスクの低い安定した資産を形成することができ、またコツコツと時間をかけた分だけ、その投資スピードは着実に加速を始めていくのです。そうした結果、同じ1日24時間というなかで、給与所得とは別にもうひとりの自分が作る不動産所得という立派な柱を形成することができるのです。

実際に私のオーナーさんでも、これまでサラリーマンとしての仕事が嫌で嫌でしょうがなかったけれど、不動産投資で安定収入ができてからというもの、いつ辞めても最低限の生活ができるということで、心に余裕が持てて逆に仕事が面白くなったという話もありました。また他のオーナーさんでは、身体を悪くして仕事をセーブしながらでも、以前からやっていたこの不動産投資の家賃収入があるお陰で、日々困らずに生活ができているということもありました。

そんな何かのときにも、プラスに働いてくれる不動産投資ではあるのですが、もちろんリターンに対してはリスクがあり、なかには少しの知識がないばかりに道を踏み外してしまう投資家さんがいるのも事実ではあります。甘い話ほど恐い物はないと誰もが理解しているはずが、ついつい夢のような話に乗せられてしまい、欲が抑えきれず「自分は大丈夫だ」と大きな気持ちになってしまう方もいらっしゃいます。この書籍の中でも多くのリスクを取り上げていますが、自身の利益だけ、儲けることにしか興味のない不動産業者がいるもの事実であり、くれぐれも道を踏み外さないように気を付けていただきたいのです。

そこで新築ワンルーム投資を中心にして、不動産投資とはどういうものか、またどのような目線をもって進めていけばいいかを、実際の購入パターン、それに対する収支計算、そのリスクとリターン、また最終どのような投資結果が待っているのかということを、数字をもって詳しくご説明していきたいと思います。

今回、この本を書くに至ったのは、これまで多くの投資家さんの悩み相談を受け、これ以上同じような失敗を繰り返す方を見たくない、また増やしたくないと心底感じたことが要因としてあります。不動産投資での「勝ち組」なんて、少しの知識とパートナーと呼べる不動産コンサルティング会社がいれば、そんなに難しいものではありません。ただし、要はそのパートナーに出会えるかどうかが問題であり、私たち不動産コンサルタントがもっともっと前に出て発信していく必要性があると考えています。

私自身これまで年に数十億円という売買、最前線の現場で培ってきた経験・実績、そして賃貸管理・運営。また個人的にもアパートや区分マンションを保有する一投資家として感じてきたことを記し、不動産投資をする前にぜひ読んで欲しい一冊に仕上がったと自負しております。まだまだこの不動産業界の世間体の見る社会的レベルは低いものだと感じますが、この一冊が少しでも業界の底上げに貢献できればうれしく思います。

目次

第2章　新築ワンルーム投資の落とし穴

第3章 中古ワンルーム投資はどうか

第4章 ワンルーム投資かアパート投資か

第5章 ワンルーム・アパート投資での留意点

装丁・本文デザイン　吉村朋子
図表作成　川田あきひこ
DTP　トゥエンティフォー

序章

なぜ今、不動産投資なのか？

1 投資の目的を把握しよう

そもそも、あなたは何のために不動産投資を行うのでしょうか？　日本経済はアベノミクスによって長いデフレからようやく脱して回復軌道に乗り、２％のインフレ目標の実現性が取り沙汰されるようになりました。インフレによる将来の現金の目減りに備えようという方も恐らくいらっしゃるのかもしれません。確かに、不動産はインフレヘッジ効果が期待できるアセットクラスです。景気がこのまま上向いていけば、インフレ対策を目標に、資産ポートフォリオの中に不動産を組み込もうという人が今以上に増えてくる可能性は高いと思われます。

そして、今ニュースでもっとも取り上げられている年金問題。若年層が抱く年金制度そのものに対する不安はもちろん、一定以上の年齢の方も、自分は将来、いったいいくらぐらいの年金額がもらえるのだろうかという疑念や不安を必ずと言っていいほど抱えています。私たちが毎週のように開催しているセミナーも参加人数は増える一方で、特に数年前と比べても、若年層の比率が高くなったように感じます。以前、私のセミナーに参加したある方に年齢を聞いてみたら19歳だと言っていました。その若さには驚きましたが、さらに驚いたのがそのセミナーに参加した理由です。なんと将来の年金が不安で、今からそのために備え勉強をして早めに安定収入を確保しておきたいのだと言うのです。まさか10代で40~50年先の未来を心配してセミナーに参加しているなんて信じられません。最近の若者は飲みにも行かず車にも乗らず、とにかくお金を使わないなんて話をよく聞きますが、そもそも産まれてこの方、景気のいい話なんて一度も経験がないわけですから、そういう若者の気持ちも理解できないわけではありません。

さて、そんななか皆さんは将来もらえる年金支給額をご存知でしょうか? 日本年金機構が運営する「ねんきんネット」というインターネットサイトを使うと、あなたが将来もらえる予定のおおよその年金額を算出することができます。

現在の年収や今後の会社勤めの予定期間などを入力すると、大まかな年金額がわかるのです。ちなみに、このサイトでシミュレーションした私の年金は支給開始年齢が65歳

0-1　日本年金機構「ねんきんネット」

以降で、支給額は月額約11万円。今後の年金制度改革によって支給開始年齢がさらに先送りされる可能性も高く、はっきり言ってこんな程度しかもらえないのかというのが現実です。

これに対して、ファイナンシャルプランナー（ＦＰ）などがシミュレーションする夫婦２人世帯の老後生活に必要な金額はどのくらいかご存知でしょうか。総務省で掲載されている次の図をご覧ください。

60歳以上の２人以上の無職世帯の実収入は１ヶ月平均21万８３８８円。その実収入から税金・社会保険料・生活費

0-2　総務省ホームページ

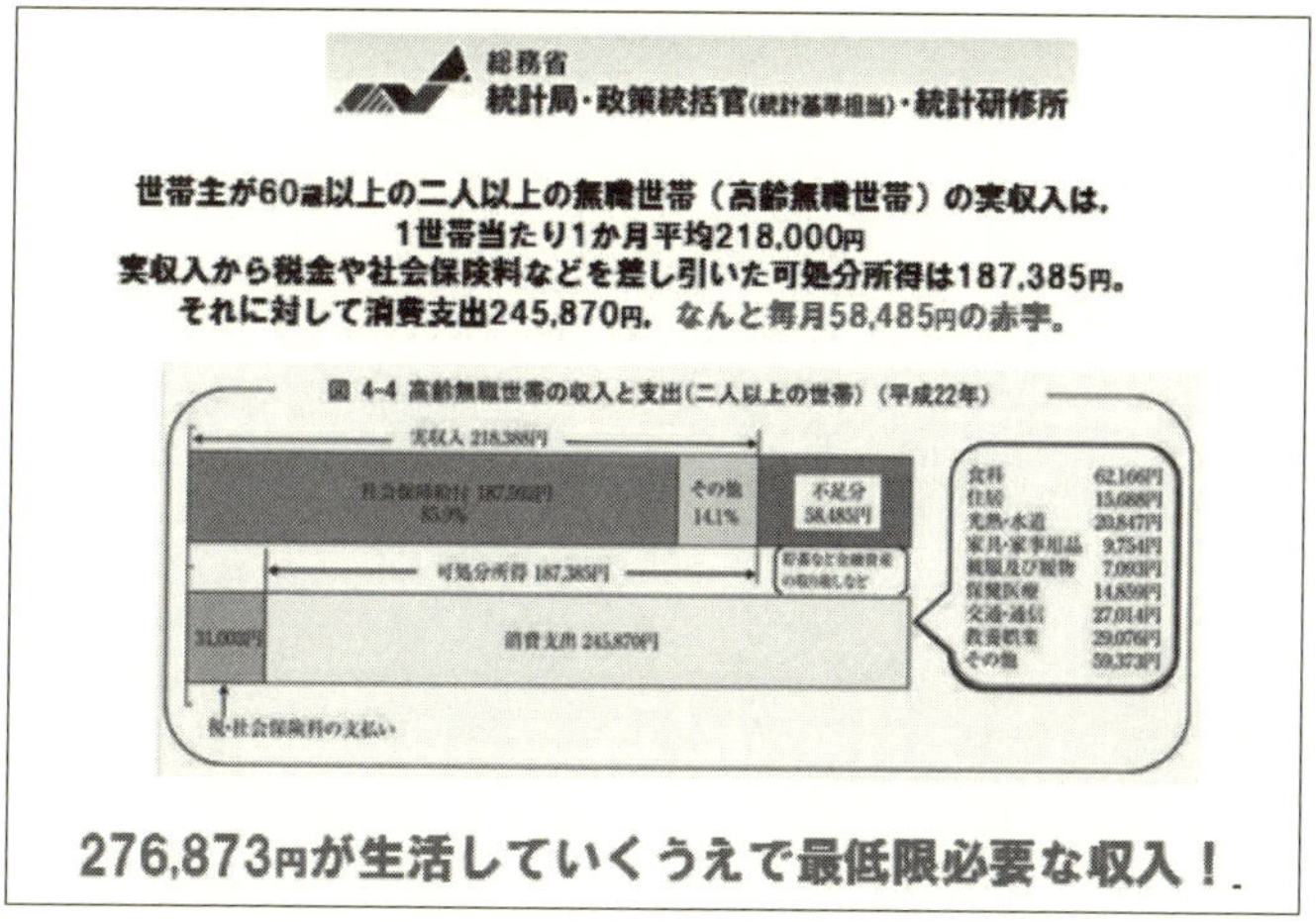
総務省
統計局・政策統括官(統計基準担当)・統計研修所
世帯主が60歳以上の二人以上の無職世帯（高齢無職世帯）の実収入は,
1世帯当たり1か月平均218,000円
実収入から税金や社会保険料などを差し引いた可処分所得は187,385円。
それに対して消費支出245,870円，なんと毎月58,485円の赤字。
図 4-4 高齢無職世帯の収入と支出（二人以上の世帯）（平成22年）
276,873円が生活していくうえで最低限必要な収入！

27万6873円を引くと毎月5万8485円がマイナスとなるのです。ということは、約28万円が生活していくうえで、最低限必要な金額になります。

このようなことが総務省のホームページに当たり前のように掲載されており、私たちはもっと危機感を持ったほうがいいのではないでしょうか。仮に退職金を数千万円もらえたとしても、毎日貯蓄を崩して生活するストレスほど嫌なものはありません。そして、もう少し余裕を持った生活をしたいという方は40万円程度の生活費が必要といわれています。私が65歳の時点でもらえるであろう11万円円の年金額ではとても足りず、仮に2000万円の退職金をもらえたとしても、毎月15万円のマイナスであれば年間180万円。約11年で枯渇してしまうのです。このままでは旅行どころか、毎日の生活すらままならない事態と向き合わなければならない未来が迫ってきてしまいます。これまで何十年も真面目にコツコツと働いてきたにもかかわらず、定年後も切り詰めた生活を送るなんて誰もが考えたくはないでしょう。そうした不安を抱える多くの方が、不動産投資に目を向けるのは必然の成り行きともいえます。

そんな私もやはり、将来不安からこれまで10年以上かけて投資物件をコツコツと購入し、運用してきたひとりです。定年後、毎月11万円で生活をしていけるのでしょうか。ある程度悠悠自適な生活は送りたいと思いますし、その歳になってからお金に悩まされるような日々はどうしても避けたいと思うのです。お金があれば幸せになれるとは決して思いませんが、最低限生活をしていくだけのお金は必要でしょうし、それがないことで不幸になる人もいるということは忘れてはいけない現実だと感じるのです。

そういった年金不安への対応として、「安定収入」を求め不動産投資を始める人も少なくないわけで、年金不安への対応を目標に始める不動産投資が将来不安への備えだとすれば、毎月の安定収入を目的に始める不動産投資は、給与収入とは別のもう一つの収入の柱として確立し、現在の生活をより豊かなものにして、近い将来の教育費負担などに備える投資としては適当だといえます。

史上最低の金利水準に張り付く銀行預金に嫌気がさして、手持ち資金の「効率的な運用」を狙いに不動産投資を始める人も多くいます。現在の銀行金利は約0・001%。少しのリスクを取るだけで、この何十倍ものリターンが得られるかも知れないのが不動産投資なのです。さらに「資産形成」や、後に詳述する「税金対策」など、不動産投資を始めるきっかけは、人によってさまざまですが、皆さんの目的目標に合わせた将来への対策が、今の日本には必須なのではないでしょうか。

2 リターンだけではなく投資リスクを知る

では、不動産投資といっても立派な「投資」なわけですから、そこには必ずリスクが潜んでいます。数々の書籍にあるような数年で何千万円という家賃収入を簡単に得ることができるほど甘いものではなく、空室リスク・修繕リスク・賃料下落リスク・滞納リスク・金利上昇リスク・人口減少リスクなどなど、思ってもいないような落とし穴があるのも事実であり、多額の家賃収入を短期間で得ようとすればするだけ、そのリスクも大きくなるということを理解しておくべきです。

しかし、これまで私自身も一オーナーとして不動産を買い進めてきましたが、不動産投資ほどわかりやすい事業はないのではないかと感じています。毎月決められた家賃収入があり、そこから固定資産税や管理費等の運営コスト、またローンの支払い金額も明確にわかり、それらの収支と支出を差し引いたキャッシュフロー、利益までの予想が立てやすいのも、やはり不動産投資のメリットだと思います。ただ逆に、そのように見えやすくわかりやすい事業だからこそ、当たり前のような落とし穴を見落としがちな投資家さんがいるのも事実なのかもしれません。

残念ながら不動産業者のほとんどのシミュレーションには、家賃の下落や空室率といったものが計算されておらず、場合によっては運営費の中に固定資産税が含まれていないこともあるくらいなのです。そうした結果、実際に運営が始まると当初のシミュレーションと大きく収支計算が異なり、「こんなつもりじゃなかった」と取り返しのつかなくなるケースもよくあるのです。

そんななか、新築ワンルームマンション投資が、要は皆さんの考える資産形成やインフレ対策といった投資の目標・目的を達成することが可能なのかどうかということを考えていき、読者の皆さまにはこれからその〝真実〟を明らかにしていきたいと思います。また後半には新築ワンルームマンション投資だけではなく、中古ワンルームマンションや一棟アパートについてなど、幅広く触れていきたいと思いますので、基本的な不動産投資の見方・考え方というものも一緒に学んでいただけると思います。

第1章

新築ワンルーム投資は本当に儲かるのか

1 新築ワンルーム投資のメリット・デメリット

新築ワンルームマンション投資とはどんな投資で、中古ワンルームマンションや一棟アパート・マンションと比べてどんな特徴があるのでしょうか。まず、新築ワンルームマンション投資のメリット・デメリットを確認していきます。

1-1-1 新築ワンルーム投資のメリットとは

①好立地物件を購入できる

不動産投資を考えるうえで、まず皆さんが気になること、それは入居者が入るのかどうかということだと思います。どれだけ融資条件がよかったとしても、家賃が入ってこなければ借入れをしている限り、それはオーナーが負担していかなければなりません。日本の人口が減少するなかで、まず最初に気になることは、空室リスクです。

それらを考えたときに、まずは投資立地について述べると、一棟アパートや1棟マンションと比べて、明らかに新築ワンルームマンションのほうに軍配が上がります。東京の場合なら、山手線内側やその周辺での新築分譲が多く、横浜でも商業施設やオフィスが集積する中心部エリアでの分譲がメインです。

しかし、一棟アパートや一棟マンションではこうはいかず、現在私たちが扱うアパートエリアを考えてみても、東京23区内であれば、大田区や板橋区・足立区、また川崎・横浜間を走る京急沿線エリアというのがメインになりますので（もちろん投資利回りを考えなければ一等地を狙うことも可能です）、空室を少なく安定稼働を長期継続していくには、やはりこの投資立地が重要となります。

そういうことを考えたときに、1室からのワンルームマンション投資というのは、とにかく一等立地を選択することができ、それだけ空室のリスクを抑えた投資をすることが可能となります。

②最新設備が整っている

キッチンやバス、エアコン、セキュリティといった設備は、いずれも最新モデルが搭載され、投資家にとっては入居者募集のしやすさが、賃借人にとってはアパートと違って〝分譲マンション並み〟の設備仕様を享受できることがメリットとしてあげられます。それだけで入居募集、案内の際には有利に働き、他物件との差別化にもなるでしょう。もちろん、設置されている最新設備は分譲価格に反映されていますし、〝最新〟設備も数年後には陳腐化が避けられませんが、とりあえず購入当初は賃貸市場で競争力の高い物件を手にすることができます。

また、ほとんどのマンションが鉄筋コンクリート造や鉄骨鉄筋コンクリート造であることから、実際に弊社で管理をしている物件でも隣や上下階の騒音のクレーム問題は、木造に比べ、少ないように思います。

③購入後の手間が比較的かからない

管理会社さえしっかりしていれば、投資家はほとんど何もしなくてもいい、と言っていいほど、管理・運営に手間がかからないのが、ワンルームマンション投資です。毎月の管理費・修繕積立金を支払い、共用部分の清掃や修繕についても管理会社が対応してくれますので、不動産投資の初心者であればあるほど、そういった運営の心配は解消されると思います。あまり手間がかからないため、購入後も保有している実感がわきません。私自身も中古のワンルームマンションを保有しておりますが、自分がワンルームを持っていることを忘れてしまうほどで、仕事や毎日の生活が忙しい人にとっては、そういう意味でも魅力的といえるかもしれません。

ただし、ひとつだけ注意したいのは、マンションの規模、総戸数です。全150世帯のマンションと全15世帯のマンションとでは、各世帯の修繕負担割合が異なり、あまり規模の小さなマンションを選択してしまうと、後々修繕積立金の値上がりや、一時金の徴収などで、収支を圧迫し、それが予期せぬ出費になることも考えられます。修繕をしたくてもお金がないケースもあります。陳腐化するマンションなど、今後問題となりえる建物も多くあることでしょう。そうしたことは、結果として私たちの運用・売却、出口にも大きな影響を与えることは、言うまでもありません。そんななか、新築ワンルームマンションの場合は、特に修繕積立金の当初設定金額が安すぎるケースを見かけます。もともと利回りが高くないものですから、少しでも運営費率を低く見せようとしているのか、また当分修繕費がかからないだろうという理由なのかはわかりませんが、後々のマンション運営、また資産価値を維持していくことが困難なケースもありますので、十分な注意が必要です。修繕積立金が月に数百円というマンションだってあるくらいですので、くれぐれも運営コストの低さにだけ魅力を感じずに、資産価値を維持できるだけの規模、管理内容かという目線をもって物件選択することが大切になります。

④室内修繕コストがかかりにくい

さすがに新築マンションというだけあって、購入から向こう10年程度は多額な室内の修繕コストを用意する必要はほとんどないでしょう。もちろんそこは入居者次第ということにもなりますが、よほどのことがない限り、水廻りを交換するまでの多額な出費が必要になるような可能性は低いといえます。不動産投資の大きなリスクのひとつは、室内の修繕コストです。物件を購入するうえで、それらのコストを見落としがちな投資家さんが多く、買ってから気付くその出費の多さに驚かれる方もいらっしゃいます。

特に中古のマンションであれば、買ってから間もなくキッチンや浴室などの交換で予想外の修繕コストが必要になるケースも考えられますので、おおよそかかるであろう各修繕のコストというものは、知っておいたほうが安心でしょう。

⑤空室率が低い

いまだ〝新築信仰〟が根強い日本では、新築ワンルームマンションに対する入居者の人気は高く、家賃設定さえ誤らなければ、市場の平均空室率より低い空室率を期待することができます。弊社で賃貸管理しているものの多くに、東京・横浜の中古ワンルームマンションがありますが、その中古マンションであったとしても、平均空室率は5％を切る高稼働を維持できています。よって、一般的に新築であれば、さらに低い空室率を維持できるものだと考えます。

⑥融資条件がいい

中古ワンルームマンションや一棟アパートなどを購入する際に利用する銀行のアパートローンに比べて、新築ワンルームマンションは有利な条件で融資を利用できるのが一般的です。たとえば、中古ワンルームでは最長でも30年の融資期間ですが、新築ワンルームの場合はさらに5年プラスした35年融資が可能であったりと、金利にしても最優遇金利が適用されることが少なくないのです。新築ワンルームマンションを販売する不動産会社は、それぞれ提携する金融機関を持っているケースがほとんどなので、購入の際は提携先の金融機関を利用するのが一般的になります。

また、少額の自己資金で始めることも可能であり、その情勢によっても異なりますが、アパートローンというのは物件価格（評価）の9割融資というのがもっとも多く、残りの1割＋諸経費は頭金として用意する必要があります。しかしながら新築ワンルームマンションであれば、フルローン、またはオーバーローンでの融資も可能であり、自己資金を入れる必要なく、購入できるケースもあります。

⑦仲介手数料がかからない

ほとんどの新築ワンルームマンションは不動産会社が売主であり、購入の際に仲介手数料を支払う必要がないため、購入コストである諸費用を抑制できます。これに対して、個人が仲介会社を経由して売り出す中古ワンルームマンションを購入する場合は、仲介会社に対して3％＋6万円の仲介手数料を支払わなければなりません。単純に購入コストだけを比較すると、中古より新築のほうが有利になります。ただし、仲介手数料がかからないということは、その売主はどこで儲けているのでしょうか。それは新築の場合、建築コストに仲介手数料以上の利益が乗っているということが一般的です。購入価格＋

諸費用の総額で考えると、どうしても新築のほうが割高となり、一概に仲介手数料がかからないから得をしたというわけではなく、そこはしっかりと投資利回りで判断していただきたいものです。

1-1-2 新築ワンルーム投資のデメリットとは

①割高感がある・利回りが低い

中古ワンルームマンションに比べると購入価格が高くなるのは当然として、前述したとおり、物件を開発・販売する不動産会社の利益が販売価格に上乗せされる分だけ、どうしても割高感が生じてしまいます。新築ワンルームマンションを東京都内で購入すると、価格はおおよそ2500万円~3000万円。これに対して中古ワンルームマンションは、立地や築年数にもよりますが、新築価格の半値以下、1000万円ほどで購入することが可能です。

では、新築ワンルームマンションは中古ワンルームマンションの倍の家賃設定が可能かというと、そういうことはなく、新築ワンルームマンションの家賃が月額10万円だったとして、同じ立地にある価格半分の中古ワンルームマンションの家賃が5万円になるケースは少なく、6.5万円や7万円。結果的に、新築ワンルームマンションのほうが投資利回りは低くなるわけです。

②家賃が下落する

中古ワンルームマンションの2倍の家賃を取ることはできませんが、それでも購入当初の新築ワンルームマンションの家賃は、中古より当然高くなります。しかし、新築時の家賃を維持できるのは、短いケースだと最初の入居者だけ。長くても2~3回の入退去を繰り返す間に徐々に家賃は下がり、15~20年あまりをかけて、中古ワンルームマンションの家賃相場へと落ち着いていきます。家賃が下がることで、もちろんローン返済に余裕がなくなり毎月の利益が減るといったこともありますが、それ以上に売却時に影響の出る可能性が非常に高くなります。

③購入価格 ∨ 売却価格

家賃の下落と並行して、新築時は2000万円超だった不動産価格は下落を続け、万が一売却しようという場合は、購入価格を大幅に下回る価格での売却を覚悟しなければなりません。投資用不動産は、物件が稼ぐ力で価格が決まる収益還元によって評価されます。物件が稼ぐ力、つまり家賃が低下すれば必然的に不動産価格も下落するのが一般的です。後述でも触れますが、投資家として収益物件を検討するときに、まずその利回りに目がいくと思います。周辺の売却情報、成約事例より利回りが低ければ、それだけ価格を下げないと買い手は見つかりにくくなることでしょう。

これに対して、すでに家賃の下がり切っている中古ワンルームマンションの価格は安定期に入り、物件の立地にもよりますが、都内の場合でお話しすると、特にそれ以上大きく価格が下落する可能性は低いと考えます。新築ワンルームマンションの購入価格と売却価格との格差は大きいですが、中古ワンルームマンションは購入価格と同じ程度か、その時の情勢次第では多少上がるか下がる程度の価格で売却できる可能性が高く、よって運用期間中のキャッシュフローがその投資の儲けとなるわけです。

④今後の融資に大きな影響を与える可能性

銀行から融資を受けるためには、人の評価と物件の評価、このふたつで決まります。投資家の評価としては勤務先や勤続年数、年収、既存借入額、資産背景などなど。物件の評価として購入物件はもちろんのこと、これまで買ってきた所有物件というものが再投資に大きな影響を及ぼします。資産と負債のバランスを見たときに、負債金額のほうが大きければ銀行としてはそれだけリスクが高くなり、結果として融資条件、たとえば自己資金比率を多く求められたり、また融資期間の短縮などが考えられます。

そこで新築ワンルームを購入したという場合であれば、先ほどのとおり購入価格＞売却価格、またローン残債額＞銀行評価額ということになり、場合によっては次の購入物件に対して融資を断られるなんていうことも十分考えられます。

実際に私が担当したお客さんでも、新築ワンルームマンションを持っていることで、属性が良くても融資枠が大幅に削られたり、また最悪の場合、融資が否認されるというケースがありました。

1-1-3 首都圏新築ワンルーム投資の検証

では、ここからは実際に首都圏の新築ワンルームマンションを購入すると仮定した場合のキャッシュフローツリーを検証してみます。

前提とする投資モデルは**図1-1**のとおり。今後の各種シミュレーションはすべてこ

1-1 投資モデル

- 物件価格　2,500万円
- 諸費用　80万円
- 購入総コスト　2,580万円

- 自己資金　80万円
- ローン金額　2,500万円（金利2.5%、期間35年）

の投資モデルを採用することにします。

物件価格2500万円、諸費用80万円で購入総コストは2580万円。新築は物件価格を満額借り入れるフルローンが可能なケースが多く、よってここでは、登記費用や税金などにかかる諸費用80万円だけを自己資金で賄い、購入金額2500万円は金利2・5%、期間35年の銀行ローンで全額調達したとします。

すると、多くの新築ワンルームマンションの販売会社が提示する収支シミュレーション（キャッシュフロー）は、**図1―2**のようになります。

1-2　**首都圏の新築ワンルームマンション**

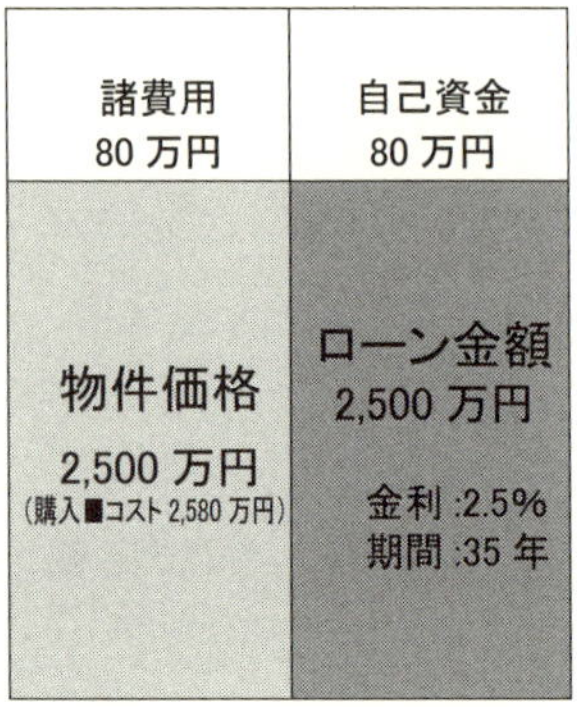

	年間家賃収入	120 万円
▲	空室率 0%	0 万円
	実効総収入	120 万円
▲	運営費	18 万円
	営業純利益	102 万円
▲	年間返済額	107 万円

税引前キャッシュフロー▲5 万円

月額家賃は10万円。年間の家賃収入は120万円です。前述したように、たいていの新築ワンルームマンション販売会社は、空室をはじめとしたリスク（損失）は見ないので、今回のシミュレーションでは空室リスクはなしとします。そうすると、年間の家賃収入まるまるが実効総収入ということになります。

そして運営費、内訳は管理費・修繕積立金・固定資産税・管理手数料となります。ここで注意したいのは、固定資産税が計上されていないケースが多くあることで、仮に管理費・修繕積立金・管理手数料のみで考えると、運営費は**図1―2**のとおりおおよそ18万円です。管理費などの支出分として計上した運営費18万円を差し引いた後に残る営業純利益（ネット収入）は102万円。そこから2500万円を金利2・5％、期間35年で借りた際の年間返済額107万円を引いて、最終的には5万円のマイナス（年間）というのが、新築販売会社がよく示す投資シミュレーションです。

「年間5万円のマイナスですが、節税効果が期待できますよ」という営業トークで投資家を勧誘するのが新築ワンルームマンション販売会社のセオリーです。

では、この新築ワンルームマンションの投資分析をより正確に把握するために、今度は空室と固定資産税を含めた数字で収支を検証してみます（**図1—3**）。

空室率は、弊社が管理している都内ワンルームマンションのデータから5％を採用して、120万円×5％（0・05）＝6万円を損失計上しました。固定資産税を含めた運営費は23万円。年間家賃収入のおよそ20％になります。

そうすると、営業純利益は新築ワンルームマンション販売会社が示す102万円より11万円少ない91万円になり、最終的には年間16万円の赤字という結果が出ます。月にすると1万円強の赤字です。新築ワンルームマンションに投資したことのある人ならわかると思いますが、毎月1万円程度の持ち出しになるのが、より現実に近い新築投資の分

1-3　空室率・固定資産税を含めて計算

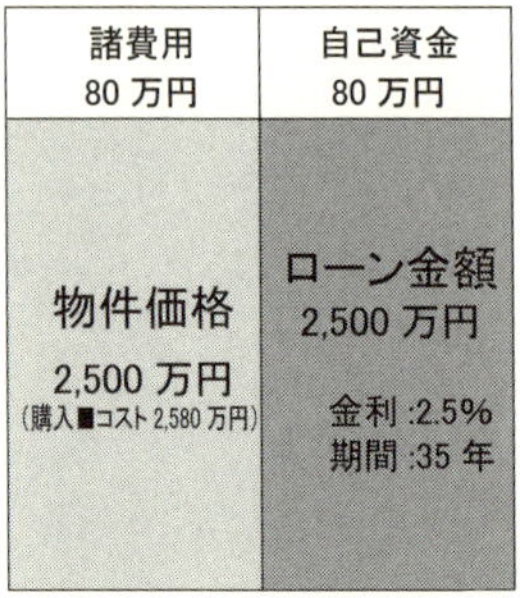

	年間家賃収入	120 万円
▲	空室率 5%	6 万円
	実効総収入	114 万円
▲	運営費	23 万円
	営業純利益	91 万円
▲	年間返済額	107 万円

税引前キャッシュフロー▲16 万円

析結果ではないでしょうか。

2 新築ワンルーム投資の〝節税効果〟

1-2-1 税引き前と税引き後のキャッシュフロー

新築ワンルームマンションに投資すると、毎月1万円の持ち出しになります。しかし、投資家によっては、「新築ワンルームマンションは販売会社が言うように節税効果が期待できるはずだ。今払っている税金を圧縮できるなら、毎月1万円程度の負担はたいしたことない」と考える人もいるでしょう。

それでは、本当に新築ワンルームマンションに投資すると、大きな節税効果が期待できるのでしょうか。毎月のキャッシュフローは赤字になっても、節税効果によって結果的には給与収入を含めた家計の収支は改善するのか。ここでは、新築ワンルームマンションの税引き前・税引き後の投資結果をシミュレーションすることによって、新築ワンルームマンションの〝節税効果〟の現実を検証してみたいと思います。

1-4　**空室率0%で計算（税引き前）**

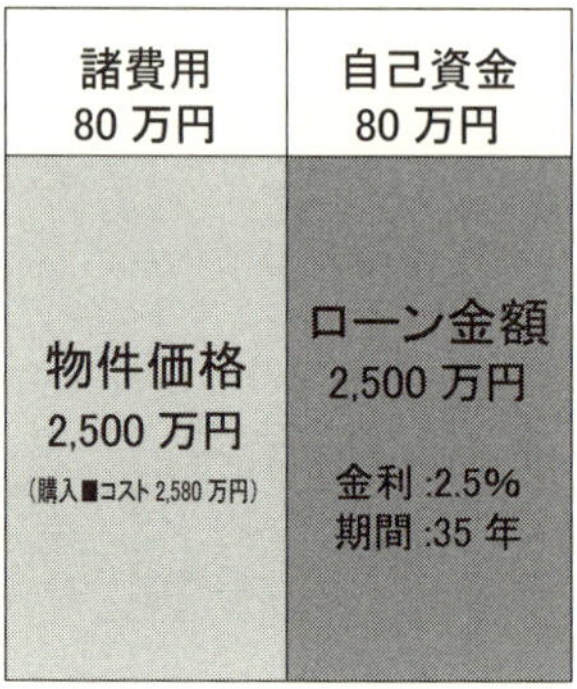

	年間家賃収入	120 万円
▲	空室率 0%	0 万円
	実効総収入	120 万円
▲	運営費	23 万円
	営業純利益	97 万円
▲	年間返済額	107 万円

税引き前キャッシュフロー▲10 万円

話をわかりやすくするために、空室率0%とした投資モデルで考えます（**図1−4**）。ただし、固定資産税は確実に払わなければならないので運営費に含めて収支を分析すると、次のような結果が得られます。

年間10万円の赤字。毎月1万円弱が投資家の持ち出しになる新築ワンルームマンションの投資モデルです。

ここまでは税引き前のキャッシュフローです。次に税引き後のキャッシュフローをシミュレーションしてみます（**図1−5**）。

1-5　空室率0%で計算（税引き後）

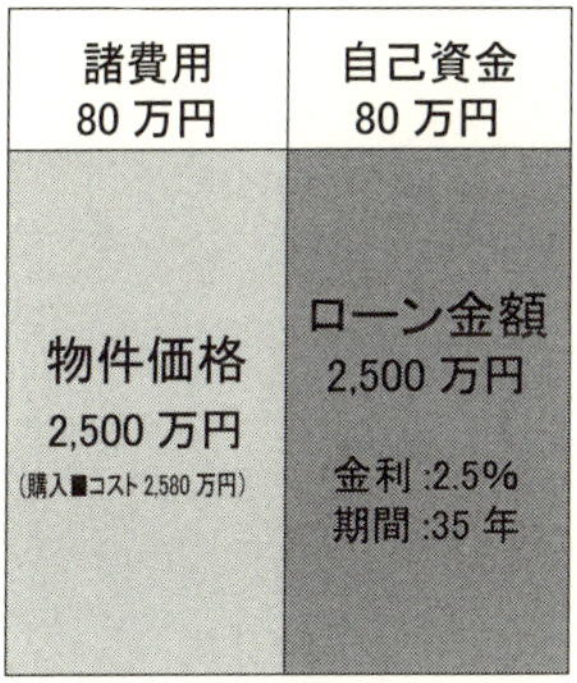

	年間家賃収入	120 万円
▲	空室率 0%	0 万円
	実効総収入	120 万円
▲	運営費	23 万円
	営業純利益	97 万円
▲	利息	62 万円
▲	減価償却費	44 万円
▲	購入諸費用	80 万円
	税引き後キャッシュフロー	▲89 万円
	土地分利息	12 万円
	不動産所得	▲77 万円

※土地建物の内訳は、土地価格 500 万円、建物価格 2,000 万円とする。
※今回購入に際して業者売主のため、仲介手数料は不要とする。

①損益通算による節税

家賃収入から固定資産税を含めた運営費23万円を引いて、営業純利益97万円まではは税引き前のシミュレーションと同じです。その下にある利息と減価償却費、購入諸費用は、不動産投資によって得た利益（不動産所得）のうちから、経費として落とすことが税務上で認められている項目を示しています。

経費として落とせる額が多ければ多いほど、不動産投資によって出た実際の利益を税務上は圧縮して税額を少なくすることができますし、あるいは実際の家賃収入を上回る経費を計上することによって不動産所得そのものが赤字になれば、その赤字額を給与所得から差し引く損益通算が認められます。

新築ワンルームマンション投資の節税効果とは、不動産投資によって生じた赤字によって「不動産投資＋給与」の所得合計を圧縮し、これまで給与所得にかかっていた多額の税金を少なくする税務上の仕組みのことを意味しています。

②利息分だけが経費扱い

さて、まず経費のうちの利息ですが、物件購入のために組んだ銀行ローンの支払いは、元金分と利息分で構成され、このうち、銀行に支払う利息分のみが経費として認められることになっています。個人投資家のほとんどが利用する元利均等式ローンの場合、初期段階は毎月支払うローン金額のうちの大部分は利息分が占めています。このため、最初のうちはいくらローン返済を進めても利息分の支払いに充当されるだけで、銀行から借りた元金はなかなか減らずに徒労感に襲われたりするのですが、一方で投資を始めた初期段階はローン支払額の大部分は利息なので、支払い額の大半に近い額を経費として落とすことができてしまいます。

不動産投資に限らず、住宅ローンを利用している人ならご存知だと思いますが、銀行から送られてくる返済明細に、支払額のうちいくらが利息分で、いくらが元金分なのかが記入されているので、これで経費となる金額を確認してください。

③減価償却費

減価償却費とは、年を追うごとに建物が古くなって価値が下がる分を経費として認めてくれる税務上の仕組みのことです。もちろん、建物が古くなるからといって実際にお金が出ていくわけではないですが、税務上は経年によって下がった価値分を経費として計上できることになっています。ただし、減価償却の対象になるのは経年によって劣化する建物だけ。土地については減価償却ができません。

この投資モデルで計上できる減価償却費は44万円。前提として物件価格2500万円のうち建物が2000万円、土地が500万円の「建物8：土地2」の割合をもとに算出しました。減価償却費は、建物の構造ごとに決められている耐用年数に応じて定められている償却率によって算出します。ＲＣ（鉄筋コンクリート）造の新築ワンルームマンションの耐用年数は47年。建物価格は物件価格2500万円×建物80％＝2000万円にＲＣ造の償却率「0・022」を掛けて求めた金額44万円を47年間にわたって償却

1-6　減価償却率の償却率表

耐用年数	償却率		耐用年数	償却率		耐用年数	償却率	
	定額法	定率法		定額法	定率法		定額法	定率法
			36	0.028	0.062	71	0.014	0.032
2	0.500	0.534	37	0.027	0.060	72	0.014	0.032
3	0.333	0.536	38	0.027	0.059	73	0.014	0.031
4	0.250	0.438	39	0.026	0.057	74	0.014	0.031
5	0.200	0.369	40	0.025	0.056	75	0.014	0.030
6	0.166	0.319	41	0.025	0.055	76	0.014	0.030
7	0.142	0.380	42	0.024	0.053	77	0.013	0.030
8	0.125	0.350	43	0.024	0.052	78	0.013	0.029
9	0.111	0.326	44	0.023	0.051	79	0.013	0.029
10	0.100	0.306	45	0.023	0.050	80	0.013	0.028
11	0.090	0.199	46	0.022	0.049	81	0.013	0.028
12	0.083	0.175	47	0.022	0.048	82	0.013	0.028
13	0.076	0.162	48	0.021	0.047	83	0.012	0.027
14	0.071	0.162	49	0.021	0.046	[illegible]	0.012	0.027
15	0.056	0.142	50	0.020	[illegible]	[illegible]	[illegible]	0.026
16	0.082	0.134	51	0.020	[illegible]	[illegible]	[illegible]	0.026
17	0.058	0.125	52	0.020	[illegible]	[illegible]	[illegible]	0.026
18	0.055	0.120	53	0.019	[illegible]	[illegible]	[illegible]	[illegible]
19	0.052	0.114	54	0.019	[illegible]	[illegible]	[illegible]	[illegible]
20	0.050	0.109	55	0.019	[illegible]	[illegible]	[illegible]	[illegible]
21	0.048	0.104	56	0.018	[illegible]	[illegible]	[illegible]	[illegible]
22	0.046	0.099	57	[illegible]	[illegible]	[illegible]	[illegible]	[illegible]
23	0.044	0.095	58	[illegible]	[illegible]	[illegible]	[illegible]	[illegible]
24	0.042	0.092	59	[illegible]	[illegible]	[illegible]	[illegible]	[illegible]
25	0.040	0.038	60	[illegible]	[illegible]	[illegible]	[illegible]	[illegible]
26	0.039	0.035	61	[illegible]	[illegible]	[illegible]	[illegible]	[illegible]
27	0.037	0.032	62	[illegible]	[illegible]	[illegible]	[illegible]	[illegible]
28	0.036	0.079	63	0.016	[illegible]	[illegible]	[illegible]	[illegible]
29	0.035	0.076	64	0.016	[illegible]	[illegible]	[illegible]	[illegible]
30	0.034	0.074	65	0.016	[illegible]	[illegible]	[illegible]	[illegible]
31	0.033	0.072	66	0.016	[illegible]			
32	0.032	0.059	67	0.015	[illegible]			
33	0.031	0.057	68	0.015	[illegible]			
34	0.030	0.066	69	0.015	[illegible]			
35	0.029	0.064	70	0.015	0.032			

できることになります。**図1―6**をご参照ください。

　諸費用は文字どおり、物件購入に際してかかった登記費用とか印紙代などの合計額であり、これも一括で経費として認められています。なお、今回諸費用に含まれていない仲介手数料、また固定資産税の精算金等は一括経費として認められていませんので注意が必要です。

　こうして営業純利益97万円から、経費として落とせる利息62万円、減価償却費44万円、購入諸費用80万円を差し引くと、税引き後のキャッシュフローは89万円のマイナス、つまり89万円の赤字という結果が得られます。ただし、不動産所得が赤字の場合は、銀行ローンのうち土地分にかかる利息は経費として落とせないことになっているので注意しなければなりません。したがって、利息62万円のうち、経費として落とせない土地分、利息62万×20％（土地価格20％）にかかるローン利息12万円を戻すと（プラスすると）、最終的な不動産所得のマイナスは77万円。以上が税引き後のキャッシュフローをシミュレーションする際の流れになります。

1-2-2　給与収入700万円のAさんの節税効果

さて、120万円の家賃収入から、運営費と経費として落とせる金額を差し引いて、最終的な不動産所得は77万円の赤字だということになりました。では、不動産所得が77万円の赤字だった場合、新築ワンルームマンションを購入した投資家は損益通算によっていったいどれぐらいの節税効果が得られるのでしょうか。

節税効果は、投資家個々人の給与所得によって異なりますので、ここでは税込み年収700万円の東京に住むサラリーマンAさんが、新築ワンルームマンションを購入した場合を想定してみます（**図1―7**）。

1-7　**東京都在住のAさん**

東京都在住のAさん
夫40歳（給与収入700万円）
妻35歳（専業主婦）子5歳

	給与収入	7,000,000円
▲	給与所得控除	1,900,000円
	給与所得	5,100,000円
▲	所得控除合計	1,808,856円

（社会保険料1,013,856円・生命保険控除35,000円
・配偶者控除380,000円・基礎控除380,000円）

課税所得　3,291,000円

①新築物件を購入しなかった場合

まず、新築ワンルームマンションを購入しなかった場合、つまり、収入は会社からもらう給与だけだった場合、どのくらいの税金がかかるのかを把握します。

給与収入が700万円の場合、所得控除が190万円、給与所得は510万円。

さらに、ここから社会保険料や配偶者控除、基礎控除などを控除すると、Aさんの課税対象となる所得は約329万円だということがわかります。

次に、この課税所得329万円に対していくら税金がかかるのかを求めます。

税金としてかかるのは、所得税と住民税

※以下本書の所得税は復興特別所得税は計上していません

1-8 課税所得329万円の場合の所得税

所得税 231,614 円※
（課税所得 3,291,144 円 ×10%－97,500 円）

所得税の速算表

課税される所得全額	税率	控除額
195 万円以下	5%	0 円
195 万円を超え 330 万円以下	10%	97,500 円
330 万円を超え 695 万円以下	20%	427,500 円
695 万円を超え 900 万円以下	23%	636,000 円
900 万円を超え 1,800 万円以下	33%	1,536,000 円
1,800 万円超え	40%	2,796,000 円
4,000 万円超え	45%	4,769,000 円

です。

所得税は所得税の速算表によって把握します（**図1―8**）。

課税所得が329万円の場合の税率は10%。そこから控除できる9万7500円を引くと、

課税所得329万1114円×10%－控除9万7500円＝所得税23万1614円

が求められます。

次に住民税（**図1―9**）。一般的に住民税は10%だといわれますが、東京都在

1-9　**課税所得339万円の場合の住民税（東京都区内）**

住民税の配偶者控除と基礎控除は、それぞれ 350,000 円となり
課税所得は所得税より 10 万円増えています。

住民税　341,600 円

課税所得 3,391,000 円 ×6% ＝ 203,460 円（特別区民税）
課税所得 3,391,000 円 ×4% ＝ 135,640 円（都民税）
所得割　339,100 円

合計所得金額が 200 万円超の場合
人的控除額の差の合計額（配偶者控除 5 万円＋差額控除 5 万円）－
（課税所得金額 3,391,000 円 - 2,000,000 円）×5%＝－64,550 円
※この額が 2,500 円未満の場合は 2,500 円とする。

所得割 339,100 円－2,500 円＋5,000 円
（区均等割額 3,500 円・都均等割額 1,500 円）＝341,600 円

住のAさんの場合は特別区民税6％と都民税4％を支払わなければなりません。

所得に応じて課税される住民税は約33万9100円。しかし、住民税はちょっと複雑で、合計所得金額は200万円超の場合は、ここから調整控除という計算を加えなければなりません。

上記の表より所得割合計33万9100円↓調整控除後の住民税34万1600円という結果が得られます。

先に求めた所得税と住民税を合計すると、

所得税23万1614円＋住民税34万1600円＝合計57万3200円

1-10 東京都在住のAさん（77万円の赤字新築ワンルーム購入）

夫 40 歳（給与収入 700 万円）
妻 35 歳（専業主婦）子 5 歳

	給与収入	7,000,000 円
▲	給与所得控除	1,900,000 円
	給与所得	5,100,000 円
▲	不動産所得	770,670 円
▲	所得控除合計	1,808,856 円

（社会保険料 1,013,856 円・生命保険控除 35,000 円
・配偶者控除 380,000 円・基礎控除 380,000 円）

課税所得　2,520,000 円

給与収入700万円、課税所得329万1144円のサラリーマンであるAさんが給与収入のみだと合計約57万円の税金が課税されるのです。

②新築物件を購入した場合

では、先ほどの物件価格2500万円、不動産所得が77万円のマイナスだった新築ワンルームマンションを購入したとすると税額はどうなるのでしょうか。この場合のAさんの所得は、給与に約77万円のマイナス（赤字）となった不動産所得を加えて計算し、上記のとおりとなります。

課税所得329万円だったAさんが約

1-11　課税所得252万円の場合の所得税

所得税　154,500 円

（課税所得 2,520,000 円 ×10%－97,500 円）

所得税の速算表

課税される所得全額	税率	控除額
195 万円以下	5%	0 円
195 万円を超え　330 万円以下	10%	97,500 円
330 万円を超え　695 万円以下	20%	427,500 円
695 万円を超え　900 万円以下	23%	636,000 円
900 万円を超え　1,800 万円以下	33%	1,536,000 円
1,800 万円超え	40%	2,796,000 円
4,000 万円超え	45%	4,769,000 円

77万円の赤字の新築ワンルームマンションを購入することによって、課税所得はその分だけ下がって約252万円に圧縮されます（**図1―10**）。

この課税所得に対する税金を計算すると、所得税は速算表から税率が10％、控除額が9万7500円だということがわかります（**図1―11**）。つまり所得税は、

課税所得252万円×10％－9万7500円＝15万4500円

住民税も先ほどと同じように計算すると、

1-12　課税所得262万円の場合の住民税（東京都区内）

住民税　264,500円

課税所得 2,620,000円 ×6%　＝　157,200円（特別区民税）
課税所得 2,620,000円 ×4%　＝　104,800円（都民税）
所得割　2,620,000円

合計所得金額が 200万円超の場合
人的控除額の差の合計額（配偶者控除5万円＋差額控除5万円）－
（課税所得金額 2,620,000円 - 2,000,000円）×5%＝－26,000円
※この額が2,500円未満の場合は2,500円とする。

所得割 262,000円－2,500円＋5,000円
（区均等割額 3,500円・都均等割額 1,500円）＝264,500円

特別区民税　課税所得262万円×税率6％＝15万7200円
都民税　課税所得262万円×税率4％＝10万4800円
所得割合計　26万2000円

これに調整控除をかけて求めた住民税は、26万4500円になります（**図1－12**）。

そうすると、

所得税15万4500円＋住民税26万4500円＝合計41万9000円

新築ワンルームマンションを購入していなかった場合のAさんが支払わなければならない税金は、57万3200円だったから、

給与所得のみの税額57万3200円－新築ワンルーム購入時の税額41万9000円＝15万4200円

給与収入700万円のサラリーマンAさんは、2500万円の新築ワンルームマンションを購入することによって税金を約15万円圧縮することができました。つまり、新築ワンルームマンション投資によって、15万円の節税効果が期待できるということになります。一般的なワンルーム販売会社が営業トークとして投資家のみなさんに訴えるのは、損益通算後のこの15万円の節税効果ということになります。

③毎月のキャッシュフローは赤字……

確かに、15万円の節税効果は魅力的に感じるかもしれません。しかし！　もう一度冷静になって、この物件価格2500万円の新築ワンルームマンション投資の収支を振り

1-13　そもそも10万円の赤字なのです！

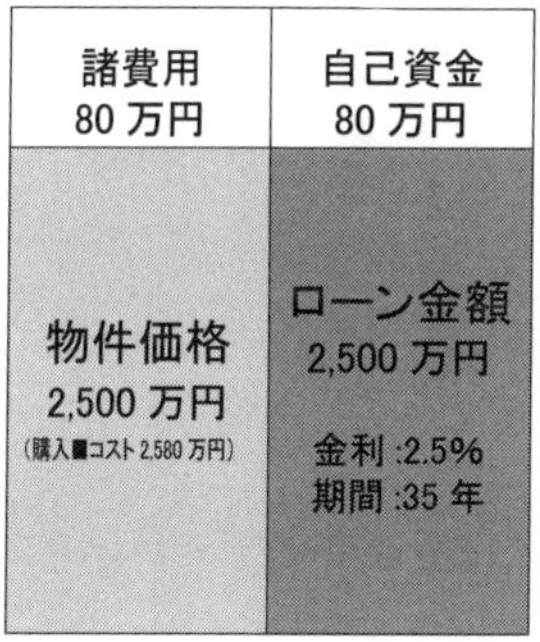

	年間家賃収入	120万円
▲	空室率0%	0万円
	実効総収入	120万円
▲	運営費	23万円
	営業純利益	97万円
▲	年間返済額	107万円

税引前キャッシュフロー▲10万円

返ってみてほしいのです（**図1―13**）。

先ほど検証したこの不動産投資のキャッシュフローは、そもそも税引き前で約10万円の赤字でした。すなわち、年間10万円のキャッシュ（現金）が、この新築ワンルームマンションを購入した投資家の財布から確実に出ていく〝赤字の不動産投資〟なのです。それでも「15万円の節税効果があります」と言えるのでしょうか。先ほどの税引き前キャッシュフローを正確に計算すると、マイナス10万7285円です。本当の節税効果は、マイナス15万4200円ではなくて、この毎年の損失（赤字）部分によって帳消しになるマイナスを勘案して、

15万4200円－10万7285円＝4万6915円

実際には4万6915円の節税効果しかないというべきなのです。確かに税金は損益通算によって確定申告後に15万円あまりが戻ってきます。しかし、皆さんの財布の中から出ていくお金を考えなければ、この新築ワンルームマンションの投資効果は検証できないのです。

1-2-3　3年目で早くも節税効果ゼロ

新築ワンルームマンションを購入して約4万6000円の節税。

「確かに販売会社が言うほどの節税効果はないかもしれないが、それでも年に4万6000円が戻ってくるし、新築物件も手に入れることができた。不動産投資としては成功の部類に入るのではないか」

こんなことを考える投資家の方もいらっしゃるかもしれません。しかし、ここまでは、あくまで物件を購入した初年度のキャッシュフロー。2年目、3年目と経過していくことで、ローン返済額の利息と元金の内訳も変わり、経費計上できる金額も異なってきま

1-14 2年目のシミュレーション

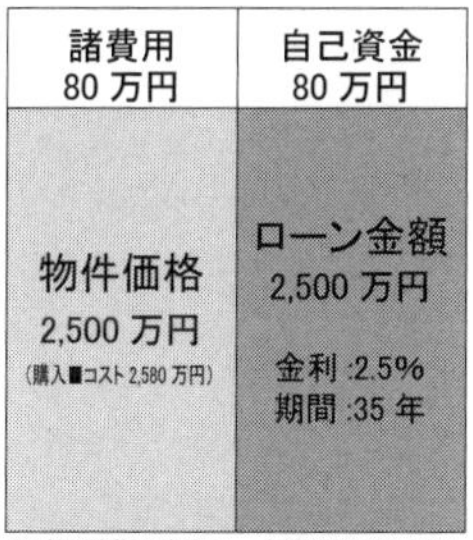

※土地建物の内訳は、土地価格 500 万円、建物価格 2,000 万円とする。
※今回購入に際して業者売主のため、仲介手数料は不要とする。

	年間家賃収入	120 万円
▲	空室率 0%	0 万円
	実効総収入	120 万円
▲	運営費	23 万円
	営業純利益	97 万円
▲	利息	61 万円
▲	減価償却費	44 万円
▲	購入諸費用	20 万円
	税引後キャッシュフロー	▲28 万円
	土地分利息	12 万円
	不動産所得	▲16 万円

す。不動産投資では、物件を購入してから年を追うごとにキャッシュフローツリーが変化していくのです。

給与収入700万円のAさんの物件購入2年目の税引き後のキャッシュフローは、**図1―14**のとおりになります。

空室率0%で計算しているので、営業純利益97万円までは初年度と同じ。ここから利息61万円（初年度より多少減っています）、減価償却費44万円を控除するところまでは大きく変わりません。一方、初年度に経費として一括で落とせた諸経費80万円は2年目以降はなくなってしまいます。その他経費計上できるものとして、2年目は不動産取得税の20万円ほど

1-15　**東京都在住のAさん　2年目**

夫 40 歳（給与収入 700 万円）
妻 35 歳（専業主婦）子 5 歳

	給与収入	7,000,000 円
▲	給与所得控除	1,900,000 円
	給与所得	5,100,000 円
▲	不動産所得	161,512 円
▲	所得控除合計	1,708,856 円

（社会保険料 1,013,856 円・生命保険控除 35,000 円
・配偶者控除 380,000 円・基礎控除 380,000 円）

課税所得　3,129,000 円

を落とすことができるでしょう（不動産取得税は中古物件の場合購入から約3ケ月後に請求の来るケースがほとんどですが、新築の場合は購入翌年の支払いになることが多くあります）。

そうすると、不動産取得税を経費として加えても、初年度に経費計上できた諸経費80万円がなくなった影響は大きく、2年目の不動産所得の赤字は16万円にとどまってしまいます。初年度の不動産所得の赤字は▲77万円でしたので、それに比べると赤字幅は61万円も少なくなってしまうのです。

この不動産所得がマイナス16万円だったAさんの2年目の課税所得は約

1-16 2年目の所得税

所得税 215,400 円
（課税所得 3,129,632 円 ×10%－97,500 円）

所得税の速算表

課税される所得全額	税率	控除額
195 万円以下	5%	0 円
195 万円を超え 330 万円以下	10%	97,500 円
330 万円を超え 695 万円以下	20%	427,500 円
695 万円を超え 900 万円以下	23%	636,000 円
900 万円を超え 1,800 万円以下	33%	1,536,000 円
1,800 万円超え	40%	2,796,000 円
4,000 万円超え	45%	4,769,000 円

1-17 2年目の住民税

住民税 325,400 円

課税所得 3,229,000 円 ×6% ＝ 193,740 円（特別区民税）
課税所得 3,229,000 円 ×4% ＝ 129,160 円（都民税）
所得割 322,900 円

合計所得金額が 200 万円超の場合
人的控除額の差の合計額（配偶者控除 5 万円＋差額控除 5 万円）－
（課税所得金額 3,229,000 円 - 2,000,000 円）×5%＝-56,450 円
※この額が 2,500 円未満の場合は 2,500 円とする。

所得割 322,900 円－2,500 円＋5,000 円
（区均等割額 3,500 円・都均等割額 1,500 円）＝325,400 円

1-18　**2年目の節税額**

課税所得 3,229,000 円に対して

所得税　215,400 円
住民税　325,400 円

合計　540,800 円

573,200 円－540,800 円
＝32,400 円の節税！

312万円（**図1―15**）。不動産所得の赤字が大きく圧縮された分だけ、課税所得は大きくなります。

ここから初年度と同じように税額を計算すると、所得税は21万5400円（**図1―16**）、住民税は32万5400円（**図1―17**）。

物件購入2年目の税額は54万800円です。Aさんが物件を購入しなかった場合の税額は57万3200円だったから、2年目の節税額は、**図1―18**のとおり、

57万3200円－54万8000円＝3万2400円

1-19　税引き前のキャッシュフロー予測

	1年目	2年目	3年目
年間家賃収入	¥1,200,000	¥1,200,000	¥1,200,000
▲空室率			
▲管理費・修繕積立金	¥120,000	¥120,000	¥120,000
▲管理手数料（5.4%）	¥64,800	¥64,800	¥64,800
▲固定資産税	¥50,000	¥50,000	¥1,200,000
NOI（ネットの収入）	¥965,200	¥965,200	¥965,200
▲ADS（年間返済額）	¥1,072,485	¥1,072,485	¥1,072,485
BTCF（税引き前のCF）	▲¥107,285	▲¥107,285	▲¥107,285

初年度に15万円あった節税効果は、早くも2年目で3万円まで減少してしまうということです。しかも、税引き前のキャッシュフローは10万7285円のマイナス。そうすると、3万円の節税効果があったとしても、そもそも投資家の財布からは10万7285円が出ていっているので、節税効果どころか、実際は、

3万2400円－10万7285円＝▲7万4885円

2年目は年に7万4885円の赤字であり、この時点ですでに実質的な節税効果は破たんしているのです（**図1－19**）。

1-20　税引き後のキャッシュフロー予測

	1年目	2年目	3年目
年間家賃収入	￥1,200,000	￥1,200,000	￥1,200,000
▲空室率			
▲管理費・修繕積立金	￥120,000	￥120,000	￥120,000
▲管理手数料（5.4%）	￥64,800	￥64,800	￥64,800
▲固定資産税	￥50,000	￥50,000	￥50,000
NOI（ネットの収入）	￥965,200	￥965,200	￥965,200
▲ローン利息	￥619,837	￥608,390	￥596,654
▲減価償却費	￥440,0000	￥440,000	￥440,000
▲購入諸費用	￥800,000		
▲不動産取得税		￥200,000	
不動産取得	▲￥894,637	▲￥283,190	▲￥71,454
土地分利息	￥123,967	￥121,678	￥119,331
不動産所得（土地取得利息加算後所得）	▲￥770,670	▲￥161,512	￥0

さらに、3年目も同じように計算すると、2年目に経費として落とせた不動産取得税もなくなってしまうので、落とせるものは利息と減価償却費だけ。税引き後のキャッシュフローは▲7万1454円と、かろうじて赤字になります（**図1―20**）。しかし前述したように、不動産所得が赤字の場合は土地分にかかる利息は経費として落とせないので、この土地分利息約12万円を戻すと、不動産所得はなんと0円。つまり、不動産所得のマイナスによって給与所得額を圧縮して節税効果を得るはずだった新築ワンルームマンション投資は、この時点で表面的にもまったく機能しなくなるということです。

3年目は不動産所得の赤字はないから節税効果はなし（0円）。一方で、税引き前のキャッシュフローは変わらず▲10万7285円なので、年に約10万円の現金は持ち出さなければなりません。これが、新築ワンルームマンションの現実の〝節税効果〟だということをわかっていただけたのではないでしょうか。

1-2-4　節税のつもりが不動産所得にも課税？

Aさんをモデルに、新築ワンルームマンション投資のキャッシュフロー推移を10年間にわたってシミュレーションしたのが次の**図1―21**と**図1―22**です。

ご覧のように、今回の不動産投資によって手元に現金が入るのは、投資初年度の4万6915円だけ。2年目以降はローンの支払いによって、ずっと投資家の財布から現金が出ていく、赤字の投資になります。

また、3年目以降は税引き後の不動産所得がずっとゼロになります。不動産所得で赤字になっていないということはもちろん、給与所得と損益通算することはできず、当然、節税効果も得られません。かつ、経費として落とせる「利息」に注目していただくと、年々少しずつですが、「利息」が減少していることに気づくはずです。毎月のローン支

諸費用	融資額	金利	融資期間	土地建物内訳
¥800,000	¥25,000,000	¥2.5%	35年	土地2：物件8

5年目	6年目	7年目	8年目	9年目	10年目
¥1,200,000	¥1,200,000	¥1,200,000	¥1,200,000	¥1,200,000	¥1,200,000
¥120,000	¥120,000	¥120,000	¥120,000	¥120,000	¥120,000
¥64,800	¥64,800	¥64,800	¥64,800	¥64,800	¥64,800
¥50,000	¥50,000	¥50,000	¥50,000	¥50,000	¥50,000
¥965,200	¥965,200	¥965,200	¥965,200	¥965,200	¥965,200
¥1,072,485	¥1,072,485	¥1,072,485	¥1,072,485	¥1,072,485	¥1,072,485
▲¥107,285	▲¥107,285	▲¥107,285	▲¥107,285	▲¥107,285	▲¥107,285

5年目	6年目	7年目	8年目	9年目	10年目
¥1,200,000	¥1,200,000	¥1,200,000	¥1,200,000	¥1,200,000	¥1,200,000
¥120,000	¥120,000	¥120,000	¥120,000	¥120,000	¥120,000
¥64,800	¥64,800	¥64,800	¥64,800	¥64,800	¥64,800
¥50,000	¥50,000	¥50,000	¥50,000	¥50,000	¥50,000
¥965,200	¥965,200	¥965,200	¥965,200	¥965,200	¥965,200
¥572,283	¥559,634	¥546,665	¥533,368	¥519,734	¥505,756
¥440,000	¥440,000	¥440,000	¥440,000	¥440,000	¥440,000
▲¥47,083	▲¥34,434	▲¥21,454	▲¥8,168	¥5,466	¥19,444
¥114,457	¥111,927	¥109,333	¥106,674		
¥0	¥0	¥0	¥0	¥5,466	¥19,444

5年目	6年目	7年目	8年目	9年目	10年目
¥5,100,000	¥5,100,000	¥5,100,000	¥5,100,000	¥5,100,000	¥5,100,000
¥1,808,856	¥1,808,856	¥1,808,856	¥1,808,856	¥1,808,856	¥1,808,856
¥3,291,000	¥3,291,000	¥3,291,000	¥3,291,000	¥3,291,000	¥3,291,000
¥231,600	¥231,600	¥231,600	¥231,600	¥231,600	¥231,600
¥341,600	¥341,600	¥341,600	¥341,600	¥341,600	¥341,600
¥573,200	¥573,200	¥573,200	¥573,200	¥573,200	¥573,200

¥5,100,000	¥5,100,000	¥5,100,000	¥5,100,000	¥5,100,000	¥5,100,000
¥0	¥0	¥0	¥0	¥5,466	¥19,444
¥1,808,856	¥1,808,856	¥1,808,856	¥1,808,856	¥1,808,856	¥1,808,856
¥3,129,000	¥3,129,000	¥3,129,000	¥3,129,000	¥3,296,000	¥3,310,000
¥231,600	¥231,600	¥231,600	¥231,600	¥232,100	¥234,500
¥341,600	¥341,600	¥341,600	¥341,600	¥342,100	¥343,500
¥573,200	¥573,200	¥573,200	¥573,200	¥574,200	¥578,000
¥0	¥0	¥0	¥0	¥0	¥0
¥0	¥0	¥0	¥0	▲¥1,000	▲¥4,800
▲¥107,285	▲¥107,285)	▲¥107,285	▲¥107,285	▲¥108,285	▲¥112,085

1-21　10年間の税引き前・税引き後のキャッシュフロー予測その1

物件価格
¥25,000,000

	1年目	2年目	3年目	4年目
年間家賃収入	¥1,200,000	¥1,200,000	¥1,200,000	¥1,200,000
▲空室率				
▲管理費・修繕積立金	¥120,000	¥120,000	¥120,000	¥120,000
▲管理手数料（5.4%）	¥64,800	¥64,800	¥64,800	¥64,800
▲固定資産税	¥50,000	¥50,000	¥50,000	¥50,000
NOI（ネットの収入）	¥965,200	¥965,200	¥965,200	¥965,200
▲ADS（年間返済額）	¥1,072,485	¥1,072,485	¥1,072,485	¥1,072,485
BTCF（税引き前のCF）	▲¥107,285	▲¥107,285	▲¥107,285	▲¥107,285

	1年目	2年目	3年目	4年目
年間家賃収入	¥1,200,000	¥1,200,000	¥1,200,000	¥1,200,000
▲空室率				
▲管理費・修繕積立金	¥120,000	¥120,000	¥120,000	¥120,000
▲管理手数料（5.4%）	¥64,800	¥64,800	¥64,800	¥64,800
▲固定資産税	¥50,000	¥50,000	¥50,000	¥50,000
NOI（ネットの収入）	¥965,200	¥965,200	¥965,200	¥965,200
▲ローンの利息	¥619,837	¥608390	¥596,654	¥584,621
▲減価償却費	¥440,000	¥440,000	¥440,000	¥440,000
▲購入諸費用	¥800,000			
▲不動産取得税		¥200,000		
不動産所得	▲¥894,637	▲¥283,190	▲¥71,454	▲¥59,421
土地分利息	¥123,967	¥121,648	¥119331	¥116,924
不動産所得	▲¥770,670	▲¥161,512	¥0	¥0

1-22　10年間の税引き前・税引き後のキャッシュフロー予測その2

	1年目	2年目	3年目	4年目
給与所得	¥5,100,000	¥5,100,000	¥5,100,000	¥5,100,000
▲所得控除	¥1,808,856	¥1,808,856	¥1,808,856	¥1,808,856
課税所得	¥3,291,000	¥3,291,000	¥3,291,000	¥3,291,000
所得税	¥231,600	¥231,600	¥231,600	¥231,600
住民税	¥341,600	¥341,600	¥341,600	¥341,600
合計	¥573,200	¥573,200	¥573,200	¥573,200

給与所得	¥5,100,000	¥5,100,000	¥5,100,000	¥5,100,000
不動産所得	▲¥770,670	▲¥161,512	¥0	¥0
▲所得控除	¥1,808,856	¥1,808,856	¥1,808,856	¥1,808,856
課税所得	¥2,520,000	¥3,129,000	¥3,129,000	¥3,129,000
所得税	¥154,500	¥215,400	¥231,600	¥231,600
住民税	¥264,500	¥325,400	¥341,600	¥341,600
合計	¥419,000	¥540,800	¥573,200	¥573,200
節税額	¥154,200	¥32,400	¥0	¥0
納税額	¥0	¥0	¥0	¥0
ATOF（税引き後のCF）	¥46,915	▲¥74,885	▲¥107,285	▲¥107,285

払額は一定でも、支払額に占める利息分は次第に減って、元金部分の割合が高くなっていくために、経費計上できる利息の額が減少していくことを示しています。

Aさんの場合、９年目になると５４６６円と金額はわずかですが、税引き後の不動産所得は黒字になっています。税引き前のキャッシュフローは、ローン返済によって依然として赤字続きで、毎年約10万円の持ち出しになってしまうのにもかかわらず、経費として計上できる利息が減っていくために税務上の不動産所得は黒字になって、不動産所得に対して税金がかかる事態が生じるのです。

1年目は唯一節税効果が期待できますが、それ以降は節税どころか実質の手残りはマイナスで推移していき、まさしく「勘定合わず銭足らず」という状態です。

また、この10年間のキャッシュフローは、家賃は一定で、かつ空室も発生しない極めてプラス的な賃貸運営を前提にシミュレーションしています。しかし、実際には10年間にわたって、まったく空室が発生しないことはほぼあり得ないでしょうし、新築から2～3年も経過すると、家賃水準も低下を余儀なくされるのが現在の賃貸市場です。さらに、新築から10年も経つと、さまざまな修繕費がかかるようになり、こうした空室や家賃下落のリスクと、修繕費などのコスト負担を考え併せると、今後は投資家の手元から

1-23 **10年間の節税額の推移**

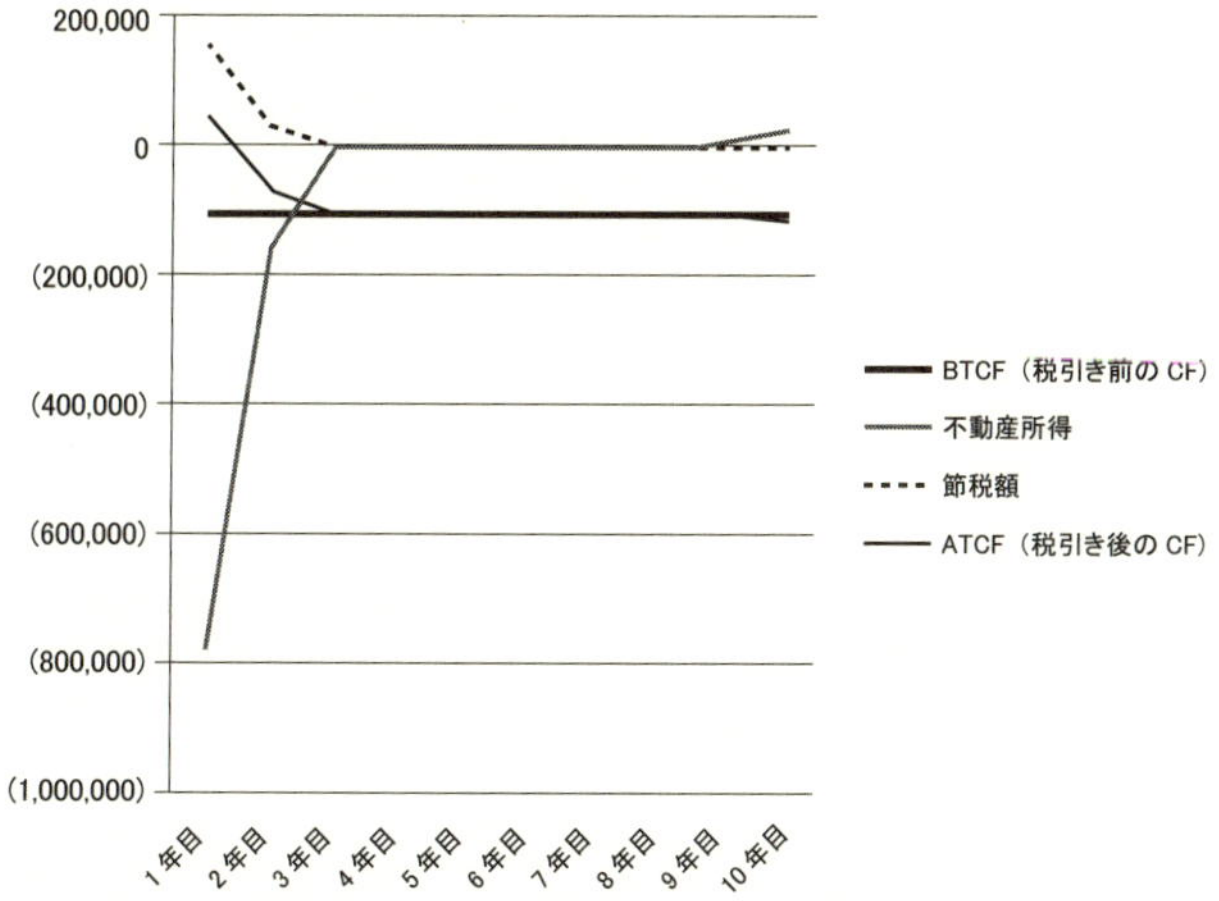

出ていくお金は年を追うごとに増える一方で、経費として計上できる利息分はさらに少なくなるため、支出ばかりが増え続けるという最悪の投資パターンに陥る可能性が極めて高いのです。

図1―23のグラフからもわかるように、1年目は諸費用の支払いがあるため、不動産所得はマイナスになっているだけであり、2年目以降からはほとんどゼロで推移していきます。そして9年目からは、税引き前がマイナスにもかかわらず不動産所得がプラスとなり、実質の手残りである赤字金額がさらに増えていくのがわかります。

1-2-5　給与収入2000万円のBさんの節税効果

給与収入700万円のAさんが新築ワンルームマンションを購入しても、ほとんど期待した節税効果は得られないことがわかりました。では、より年収の高い人の場合はどうでしょうか。弊社に相談に訪れる方も、医師などを中心に年収2000万円とか3000万円の高額所得者の方が少なくありません。多額の税金を納めているだけに、節税に対する関心はより高く、新築ワンルームマンション投資を魅力的に感じている方は、とても多いように感じます。

では、東京都在住の給与収入2000万円のBさんをモデルに新築ワンルームマンションを買った場合のシミュレーションをしてみましょう（**図1―24**）。

給与収入2000万円のBさんの所得控除後の課税所得は約1544万円です。Bさんが新築ワンルームマンションを買わなかった場合の税金を計算すると、所得税・住民税併せて43％という高い税率が適用され、所得税は356万1100円（**図1―25**）、住民税は155万7100円で合計511万8200円（**図1―26**）。約511万円もの税金を納めているBさんが、「新築ワンルームマンション投資なら節税にもなるし、

1-24 東京都在住のBさん

夫 40 歳（給与収入 2,000 万円）
妻 35 歳（専業主婦）子 5 歳

給与収入	20,000,000 円
▲ 給与所得控除	2,200,000 円
給与所得	17,800,000 円
▲ 所得控除合計	2,353,216 円

（社会保険料 1,473,216 円・生命保険控除 120,000 円
・配偶者控除 380,000 円・基礎控除 380,000 円）

課税所得　15,446,000 円

1-25 課税所得1,544万円の場合の所得税

所得税 3,561,180 円

（課税所得 15,446,000 円 ×33%－1,536,000 円）

所得税の速算表

課税される所得金額	税率	控除額
195 万円以下	5%	0 円
195 万円を超え 330 万円以下	10%	97,500 円
330 万円を超え 695 万円以下	20%	427,500 円
695 万円を超え 900 万円以下	23%	636,000 円
900 万円を超え 1,800 万円以下	33%	1,536,000 円
1,800 万円超	40%	2,796,000 円
4,000 万円超え	45%	4,769,000 円

1-26　課税所得1,554万円の場合の住民税（東京都区内）

住民税　1,557,100 円

課税所得 15,546,000 円 ×6%　＝　932,760 円（特別区民税）
課税所得 15,546,000 円 ×4%　＝　621,840 円（都民税）
所得割　1,554,600 円

合計所得金額が 200 万円超の場合
人的控除額の差の合計額（配偶者控除 5 万円＋差額控除 5 万円）－（課税所得金額 3,291,000 円 - 2,000,000 円）×5%＝－667,300 円
※この額が 2,500 円未満の場合は 2,500 円とする。

所得割 1,554,600 円・2,500 円＋5,000 円
（区均等割額 3,500 円・都均等割額 1,500 円）＝1,557,100 円

1-27　東京都在住のBさん（2,500万円の新築ワンルーム購入）

夫 40 歳（給与収入 2,000 万円）
妻 35 歳（専業主婦）子 5 歳

給与収入	20,000,000 円
▲ 給与所得控除	2,200,000 円
給与所得	17,800,000 円
▲ 不動産所得	770,670 円
▲ 所得控除合計	2,353,216 円

（社会保険料 1,473,216 円・生命保険控除 120,000 円
・配偶者控除 380,000 円・基礎控除 380,000 円）

課税所得　14,676,000 円

1-28　**課税所得1,467万円の場合の所得税**

所得税　3,307,080円

（課税所得 14,676,000 円 ×33%－1,536,000 円）

所得税の速算表

課税される所得全額	税率	控除額
195 万円以下	5%	0 円
195 万円を超え　330 万円以下	10%	97,500 円
330 万円を超え　695 万円以下	20%	427,500 円
695 万円を超え　900 万円以下	23%	636,000 円
900 万円を超え　1,800 万円以下	33%	1,536,000 円
1,800 万円超え	40%	2,796,000 円
4,000 万円超え	45%	4,769,000 円

1-29　**課税所得1,477万円の場合の住民税（東京都区内）**

住民税　1,480,100円

課税所得 14,776,000 円 ×6%　＝　886,560 円（特別区民税）
課税所得 14,776,000 円 ×4%　＝　591,040 円（都民税）
所得割　1,477,600 円

合計所得金額が 200 万円超の場合
人的控除額の差の合計額（配偶者控除 5 万円＋差額控除 5 万円）－
（課税所得金額 14,775,000 円 － 2,000,000 円）× 5%＝-833,800 円
※この額が 2,500 円未満の場合は 2,500 円とする。

所得割 1,477,600 円－2,500 円＋5,000 円

（区均等割額 3,500 円・都均等割額 1,500 円）＝1,480,100 円

1-30　**2,500万円の新築ワンルームマンションを購入した場合の節税額**

課税所得 14,676,000 円に対して

所得税　3,307,000 円
住民税　1,480,100 円

合計　4,787,100 円

5,118,200 円－4,787,100 円
＝331,100 円の節税！

都内の新築不動産を手にすることもできますよ」といった販売会社の営業トークに魅力を感じてしまうのは、当然かもしれません。

このBさんが、Aさんと同じ2500万円の新築ワンルームマンションを購入すると、Aさんと同じように不動産所得のマイナス約77万円を所得から控除できるので、課税所得は1467万6000円に圧縮することが可能です（図1―27）。

ここから算出した税金は、所得税が330万7080円（図1―28）、住民税148万100円（図1―29）の合計478万7100円。

1-31 税引き前のキャッシュフロー予測

	1年目	2年目	3年目
年間家賃収入	￥1,200,000	￥1,200,000	￥1,200,000
▲空室率			
▲管理費・修繕積立金	￥120,000	￥120,000	￥120,000
▲管理手数料（5.4%）	￥64,800	￥64,800	￥64,800
▲固定資産税	￥50,000	￥50,000	￥1,200,000
NOI（ネットの収入）	￥965,200	￥965,200	￥965,200
▲ADS（年間返済額）	￥1,072,485	￥1,072,485	￥1,072,485
BTCF（税引き前のCF）	▲￥107,285	▲￥107,285	▲￥107,285

1-32 税引き後のキャッシュフロー予測

	1年目	2年目	3年目
年間家賃収入	￥1,200,000	￥1,200,000	￥1,200,000
▲空室率			
▲管理費・修繕積立金	￥120,000	￥120,000	￥120,000
▲管理手数料（5.4%）	￥64,800	￥64,800	￥64,800
▲固定資産税	￥50,000	￥50,000	￥50,000
NOI（ネットの収入）	￥965,200	￥965,200	￥965,200
▲ローン利息	￥619,837	￥608,390	￥596,654
▲減価償却費	￥440,0000	￥440,000	￥440,000
▲購入諸費用	￥800,000		
▲不動産取得税		￥200,000	
不動産取得	▲￥894,637	▲￥283,190	▲￥71,454
土地分利息	￥123,967	￥121,678	￥119,331
不動産所得（土地取得利息加算後所得）	▲￥770,670	▲￥161,512	￥0

融資額	金利	融資期間	土地建物内訳
¥25,000,000	¥2.5%	35年	土地2：物件8

6年目	7年目	8年目	9年目	10年目
¥1,200,000	¥1,200,000	¥1,200,000	¥1,200,000	¥1,200,000
¥120,000	¥120,000	¥120,000	¥120,000	¥120,000
¥64,800	¥64,800	¥64,800	¥64,800	¥64,800
¥50,000	¥50,000	¥50,000	¥50,000	¥50,000
¥965,200	¥965,200	¥965,200	¥965,200	¥965,200
¥1,072,485	¥1,072,485	¥1,072,485	¥1,072,485	¥1,072,485
▲¥107,285	▲¥107,285	▲¥107,285	▲¥107,285	▲¥107,285

6年目	7年目	8年目	9年目	10年目
¥1,200,000	¥1,200,000	¥1,200,000	¥1,200,000	¥1,200,000
¥120,000	¥120,000	¥120,000	¥120,000	¥120,000
¥64,800	¥64,800	¥64,800	¥64,800	¥64,800
¥50,000	¥50,000	¥50,000	¥50,000	¥50,000
¥965,200	¥965,200	¥965,200	¥965,200	¥965,200
¥559,634	¥546,665	¥533,368	¥519,734	¥505,756
¥440,000	¥440,000	¥440,000	¥440,000	¥440,000
▲¥34,434	▲¥21,454	▲¥8,168	¥5,466	¥19,444
¥111,927	¥109,333	¥106,674		
¥0	¥0	¥0	¥5,466	¥19,444

6年目	7年目	8年目	9年目	10年目
¥17,800,000	¥17,800,000	¥17,800,000	¥17,800,000	¥17,800,000
¥2,353,216	¥2,353,216	¥2,353,216	¥2,353,216	¥2,353,216
¥15,446,000	¥15,446,000	¥15,446,000	¥15,446,000	¥15,446,000
¥3,561,100	¥3,561,100	¥3,561,100	¥3,561,100	¥3,561,100
¥1,557,100	¥1,557,100	¥1,557,100	¥1,557,100	¥1,557,100
¥5,118,200	¥5,118,200	¥5,118,200	¥5,118,200	¥5,118,200

¥17,800,000	¥17,800,000	¥17,800,000	¥17,800,000	¥17,800,000
¥0	¥0	¥0	¥6,466	¥19,444
¥2,353,216	¥2,353,216	¥2,353,216	¥2,353,216	¥2,353,216
¥15,446,000	¥15,446,000	¥15,446,000	¥15,452,000	¥15,466,000
¥3,561,100	¥3,561,100	¥3,561,100	¥3,563,100	¥3,567,700
¥1,557,100	¥1,557,100	¥1,557,100	¥1,547,400	¥1,549,100
¥5,118,200	¥5,118,200	¥5,118,200	¥5,110,800	¥5,116,800
¥0	¥0	¥0	¥0	¥0
¥0	¥0	¥0	▲¥7,400	▲¥1,400
▲¥107,285	▲¥107,285	▲¥107,285	▲¥114,685	▲¥108,685

1-33　10年間の税引き前・税引き後のキャッシュフロー予測その1

物件価格	諸費用
¥25,000,000	¥800,000

	1年目	2年目	3年目	4年目	5年目
年間家賃収入	¥1,200,000	¥1,200,000	¥1,200,000	¥1,200,000	¥1,200,000
▲空室率					
▲管理費・修繕積立金	¥120,000	¥120,000	¥120,000	¥120,000	¥120,000
▲管理手数料（5.4%）	¥64,800	¥64,800	¥64,800	¥64,800	¥64,800
▲固定資産税	¥50,000	¥50,000	¥50,000	¥50,000	¥50,000
NOI（ネットの収入）	¥965,200	¥965,200	¥965,200	¥965,200	¥965,200
▲ADS（年間返済額）	¥1,072,485	¥1,072,485	¥1,072,485	¥1,072,485	¥1,072,485
BTCF（税引き前のCF）	▲¥107,285	▲¥107,285	▲¥107,285	▲¥107,285	▲¥107,285

	1年目	2年目	3年目	4年目	5年目
年間家賃収入	¥1,200,000	¥1,200,000	¥1,200,000	¥1,200,000	¥1,200,000
▲空室率					
▲管理費・修繕積立金	¥120,000	¥120,000	¥120,000	¥120,000	¥120,000
▲管理手数料（5.4%）	¥64,800	¥64,800	¥64,800	¥64,800	¥64,800
▲固定資産税	¥50,000	¥50,000	¥50,000	¥50,000	¥50,000
NOI（ネットの収入）	¥965,200	¥965,200	¥965,200	¥965,200	¥965,200
▲ローンの利息	¥619,837	¥608390	¥596,654	¥584,621	¥572,283
▲減価償却費	¥440,000	¥440,000	¥440,000	¥440,000	¥440,000
▲購入諸費用	¥800,000				
▲不動産取得税		¥200,000			
不動産所得	▲¥894,637	▲¥283,190	▲¥71,454	▲¥59,421	▲¥47,083
土地分利息	¥123,967	¥121,648	¥119331	¥116,924	¥114,457
不動産所得	▲¥770,670	▲¥161,512	¥0	¥0	¥0

1-34　10年間の税引き前・税引き後のキャッシュフロー予測その2

	1年目	2年目	3年目	4年目	5年目
給与所得	¥7,800,000	¥1,800,000	¥17,800,000	¥17,800,000	¥17,800,000
▲所得控除	¥2,353,216	¥2,353,216	¥2,353,216	¥2,353,216	¥2,353,216
課税所得	¥15,446,000	¥15,446,000	¥15,446,000	¥15,446,000	¥15,446,000
所得税	¥356,100	¥3,561,100	¥3,561,100	¥3,561,100	¥3,561,100
住民税	¥1,557,100	¥1,557,100	¥1,557,100	¥1,557,100	¥1,557,100
合計	¥5,118,200	¥5,118,200	¥5,118,200	¥5,118,200	¥5,118,200

給与所得	¥17,800,000	¥17,800,000	¥17,800,000	¥17,800,000	¥17,800,000
不動産所得	▲¥770,670	▲¥161,512	¥0	¥0	¥0
▲所得控除	¥2,353,215	¥2,353,215	¥2,353,216	¥2,353,216	¥2,353,216
課税所得	¥14,676,000	¥15,285,000	¥15,446,000	¥15,446,000	¥15,446,000
所得税	¥3,307,000	¥3,508,000	¥3,561,100	¥3,561,100	¥3,561,100
住民税	¥1,480,000	¥1,541,000	¥1,557,100	¥1,557,100	¥1,557,100
合計	¥4,787,100	¥5,049,000	¥5,118,200	¥5,118,200	¥5,118,200
節税額	¥331,100	¥69,200	¥0	¥0	¥0
納税額	¥0	¥0	¥0	¥0	¥0
ATOF(税引き後のCF)	¥223,815	▲¥38,085	▲¥107,285	▲¥107,285	▲¥107,285

新築ワンルームマンションを購入しなかった場合と比べて33万1100円の節税になります（**図1―30**）。

しかし、税引き前のキャッシュフローは10万7285円のマイナス（現金持ち出し）だったので（**図1―31**、**図1―32**）、購入初年度の実質的な節税効果は、

33万1100円－10万7285円＝22万3815円

にしかなりません。確かに、給与収入が700万円だったAさんの初年度の実質的な節税効果約4万6900円と比べると、2000万円の給与収入があるBさんは、同じ物件を購入しても節税効果は大きいですね。しかし、どうでしょうか。これだけ年収の高いBさんでも最も節税効果が大きい購入初年度の節税額は、約22万円にしかならないのです。

2年目以降もAさんと同じようにシミュレーションしてみましょう。2年目の節税額は大幅に下がり6万9200円。ここから税引き前のキャッシュフロー約10万7000円のマイナスを差し引くと、早くも約3万8000円の現金持ち出しを強いられる不動産投資ということになります（**図1―33**、**図1―34**）。

1-35 **10年間の節税額の推移**

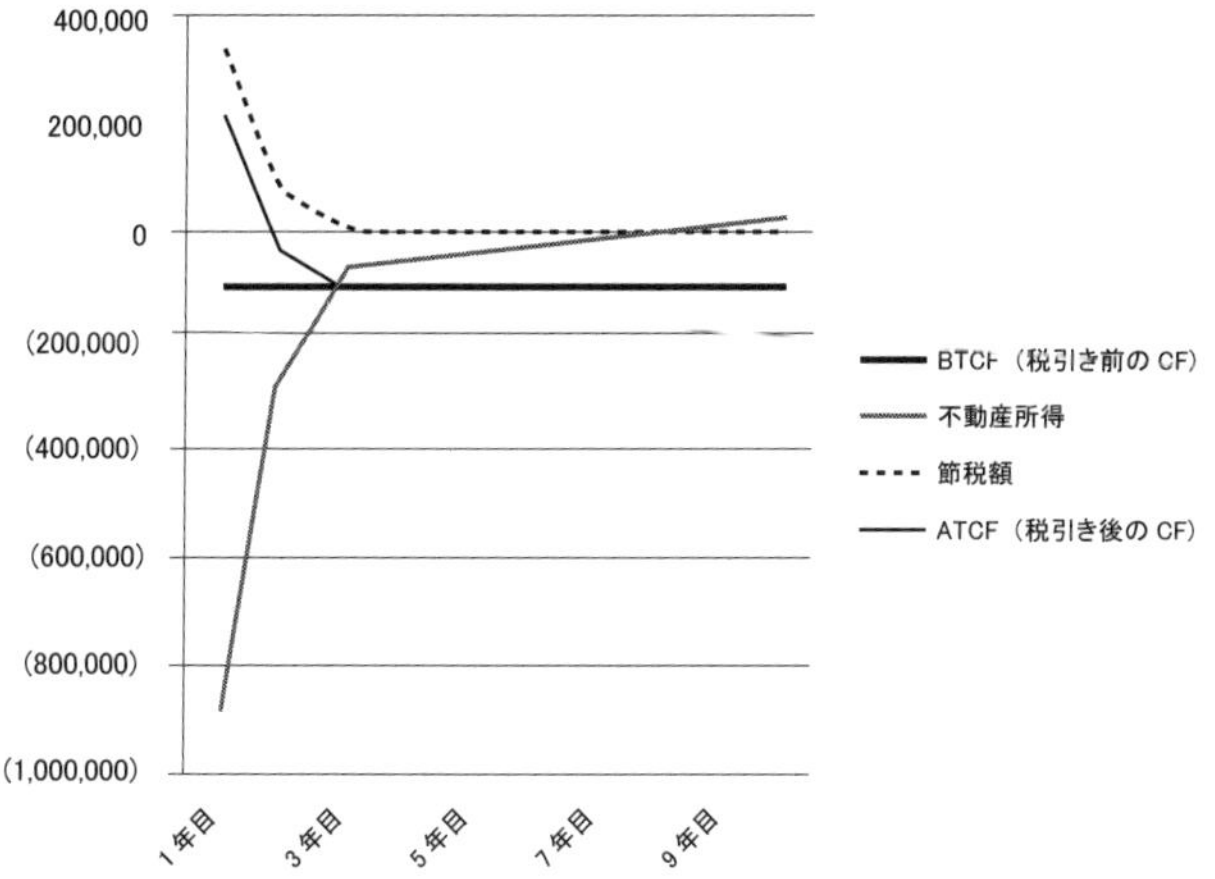

３年目はＡさんと同様に不動産所得の赤字はなくなって不動産投資による節税額は０円。したがって、税引き前キャッシュフローのマイナス約10万円の負担だけがＢさんにのしかかり、現金収支は10万円のマイナスです。以降もＡさんと同様に、経費計上できる利息分が年々減少していくにつれて不動産所得が黒字になり、現実にはローン支払いによって現金が財布から出ていっている赤字経営なのにもかかわらず、税務上は不動産所得に税金がかかるという〝節税効果〟とは、まったく逆の投資結果になってしまいます。

図1―35のグラフからもわかるように

年収が高い分、Aさんより初年度の節税効果は大きいが、結局2年目以降は節税額がゼロで推移し、税引き前のキャッシュフローであるマイナス分が持ち出しとなるのです。

3 新築ワンルーム投資の出口戦略

1-3-1 出口をもって利益が確定する

新築ワンルームマンションの節税対策としては、当初1～2年しかメリットのないことがご理解いただけたと思います。ただそうは言っても、少しのお金でも還付を受けられるのであれば購入を検討したいと思う方もいらっしゃると思います。では、ここからは新築ワンルームマンションの出口戦略を考えてみます。不動産投資の出口戦略とは、購入した不動産を売却して運用を終了し、最終的にその投資によって、合計どれだけの利益（儲け）が得られたのかを確定することです。

出口戦略は、新築ワンルームマンション投資に限って検討・実行するものではありません。どんな投資もスタートがあれば、必ずゴール（出口）があります。投資した資金と、投資によって実った果実を回収し、そして売却することによって、初めてその投資

1-36　購入時に自己資金80万円・500万円の売却益

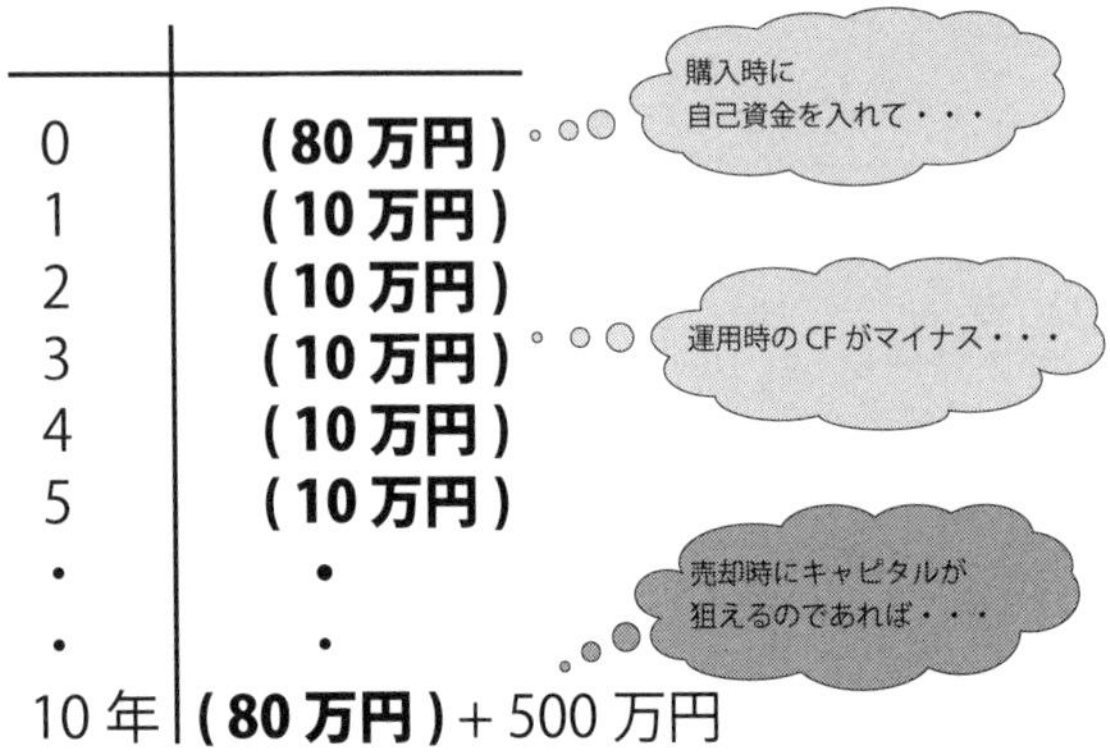

は完結するからなのです。中古ワンルームマンションや一棟アパートに投資する場合でも出口戦略を検討し、その収支を分析したうえで投資判断しなければなりません。

　出口戦略は、購入した不動産の運用中の利益（家賃収入＝インカムゲイン）と、売却によって得られる利益（売却益＝キャピタルゲイン）との合計によって検討・実行します。

　たとえば、毎年100万円のキャッシュフローを生んでいた不動産を10年後に売却した際に、売却益がマイナス1000万円（1000万円の売却損）だったとしたら、結局その投資による利

1-37 出口戦略をシュミレーションする投資モデル

年間家賃収入	120 万円
▲空室率	0 円
実効総収入	120 万円
▲運営費	23 万円
営業純利益	97 万円
▲年間返済額	107 万円
税引前キャッシュフロー	▲10 万円

益は差し引きゼロです。逆に、先ほどからの投資モデルのように、購入時の自己資金80万円を出して毎年のキャッシュフローが10万円のマイナス（持ち出し）だったとしても、仮に10年後に売却して500万円の売却益が出れば、その投資による利益はプラス320万円だから、投資家の期待する利回りにもよりますが、結果的にその投資は成功したといえるかもしれません（**図1—36**）。

したがって、毎年の収支が赤字である新築ワンルームマンション投資だったとしても、仮に出口戦略の実行によって売却益が期待できるのだとすれば、その新築ワンルームマンション投資は検討して

1-38 **10年後…**

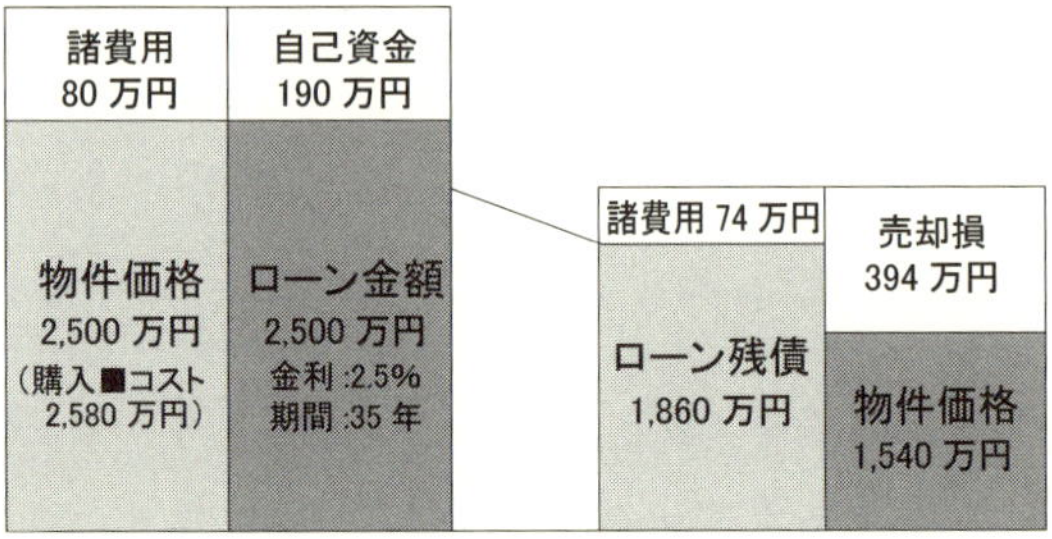

みる余地があるということになります。

再び、先の投資モデルによって出口戦略をシミュレーションします。この２５００万円で購入した新築ワンルームマンションは、97万円の営業純利益（ネット収入）を稼ぎ出すものの、ローンの支払いを差し引きすると、税引き前のキャッシュフローはマイナス約10万円（▲10万７２８５円）でした（**図1―37**）。これを、10年で家賃が10％値下がりすると仮定して、購入から10年後に表面利回り７％の価格で売却できたとします。すると、10年後の年間家賃収入は10％値下がりして１０８万円。それを表面利回り７％で売却できたとすると、価格は

1-39　10年間で5,812,850円の赤字!!

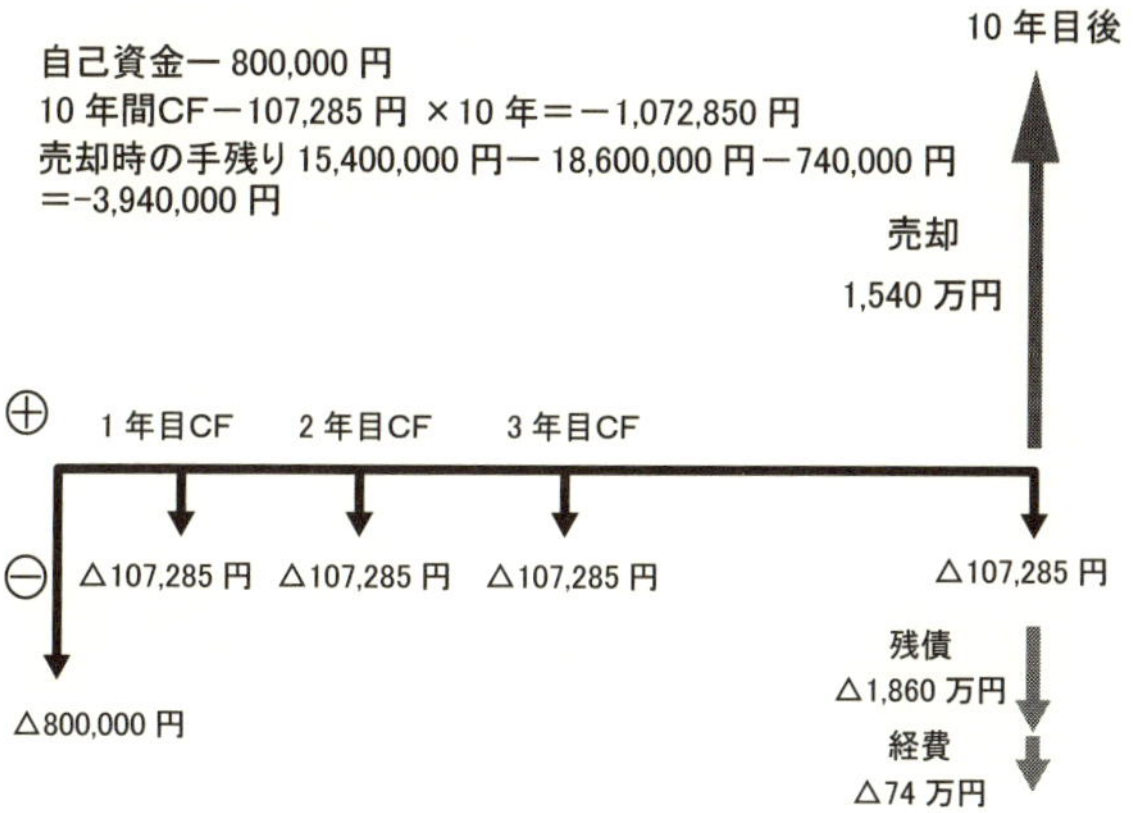

１５４０万円ということになります。対して、新築時の購入価格２５００万円を全額借り入れたローンの10年後の残債は１８６０万円。これに売却時に４％程度の経費がかかるので、その支出74万円も加味した売却による収支（手残り）はマイナス３９４万円です（不動産譲渡税は除く。**図1―38**）。

売却収入１５４０万円－ローン残債１８６０万円－手数料74万円＝手残り▲３９４万円

　前述したように、出口戦略の検討は、売却による収支に運用中の家賃収入も加

1-40　**10年間で500万円を超える損益に**

0	**(80万円)**
1	**(10万円)**
2	**(10万円)**
3	**(10万円)**
4	**(10万円)**
5	**(10万円)**
・	・
・	・
10年	**(10万円)** + (394万円)

買ってから売却するまで
多少の税金還付はあるものの
大幅な赤字になる可能性が
極めて高い！

えて行います。したがって、次に10年間の運用成績を加えた収支を見なければなりません。この新築ワンルームマンション運用中は、毎年のキャッシュフローが10万7285円のマイナスだったので、10年間分合計の持ち出し額は107万2850円（計算上わかりやすくするためにこの場合の家賃下落は考えません。**図1―39**）。

これに購入時に投入した諸経費80万円の自己資金も投資額として加え、さらに、先ほどの売却収支を足すと、この新築ワンルームマンションを10年間運用した後に売却した場合の最終的な投資結果が出てきます。

売却収支▲394万円＋10年間のキャッシュフロー▲107万2850円＋自己資金▲80万円＝▲581万2850円

なんと、2500万円の新築ワンルームマンションに投資して10年後に売却をすると、トータル約581万円のマイナスになってしまうのです（**図1―40**）。

よって確かに1～2年目は、節税対策として有効であるように見えます。今回の例でいう、年収2000万円のBさんの場合、1年目33万1100円＋2年目6万9200円を足した40万300円が節税額。しかし、売却した場合、581万2850円のマイナスでしたので、差し引き541万2550円がこの投資の損益だったということがわかります。よって不動産投資は直近の収支だけで判断するのではなく、売却時のことも考え選択する必要があるということです。

1-3-2 「毎月1万円の持ち出しで首都圏にワンルームを買える！」の謎

ではこの際、売却せずに保有し続ければどうなるのかということを考えていきたいと思います。キーワードは「投資回収期間」です。投入した自己資金が、どのくらいの期間で回収できるかということを計算していきます。答えを言ってしまえば、投資回収に40年、50年と長年の歳月を必要とするのも、新築ワンルームマンション投資の現実です。どういうことかというと、自己資金80万円を投じて、残りを全額ローンで調達した先の投資モデルでは、税引き前のキャッシュフローが年間10万7285円のマイナスでした。空室率ゼロ、家賃の値下げなしと仮定しても、賃料収入を上回るローン返済があるために、ローン返済期間中は毎年10万7285円の現金を持ち出さざるを得ない、赤字の賃貸経営を余儀なくされているのです。

これが黒字に転換するのは、期間35年で組んだローン返済が終わる36年目からです。36年目になって、ようやく初めて家賃収入から空室率・運営費を差し引いたネット収入96万5200円（実際には家賃の下落で手残り金額は大幅に減ることが考えられる）すべてが、投資家の手元に残る計算になります。

あくまで単純計算ですが、この新築ワンルームマンションを購入した投資家が35年間にわたって投じてきたお金は、毎年の持ち出し分10万7285円×35年＝▲375万4975円に、自己資金として購入時に用意した▲80万円を加えた▲

1-41 新築ワンルームは投資回収に40年以上

当初、 物件購入自己資金 800,000 円
毎年のCF107,285 円 ×35 年＝3,754,975 円
35 年間で－ 4,554,975 円

ローン完済後の 36 年目から毎年のCF965,200 円
4,554,975 円 ÷965,200 円＝4.7 年 **約 5 年**

購入から 40 年でマイナス分を **回収？**

455万4975円です。この約455万円を36年目以降のネット収入で回収するには、約4・7年がかかります。

455万4957円÷ネット収入96万5200円＝4・7年

36年目から4・7年、約5年かかって、投資した費用を、ようやく回収できるということです（35年間家賃下落なし、空室なし、修繕費用なしの場合）。

結局、投資回収に合計40年以上かかるということは、どれだけ新築ワンルームマンションの投資効率が悪いのかが、わかっていただけるかと思います。不動産

経営はあくまでも「投資」であり、投入した自己資金額の投資回収期間（ペイバック）というものも意識して行う必要があると考えます（**図1―41**）。

そうだとすると、「月1万円の持ち出しで首都圏に新築ワンルームが持てます」という新築ワンルームマンション営業トークの常套句には、首をかしげざるを得ません。

そもそも、持ち出し前提の投資で、資産は増えるのでしょうか。確かに、持ち出しはローン支払い中の35年間だけで、支払いが終わる36年目からは、家賃下落・空室リスクがないとすれば、毎年100万円近くのキャッシュを手にすることができます。しかし、そこにたどりつくまでには数千万円のローンというリスクを背負いながら、35年間にわたって赤字の賃貸経営を維持し続けなければなりません。

現実の新築ワンルームマンション投資は「月1万円の持ち出しで新築ワンルーム！」という営業トークが呼びかける〝気軽な投資〟とは裏腹に、36年後にようやく実る投資の果実を得る代償にしては、あまりに大きすぎるリスクを覚悟しなければならない投資だといえるでしょう。もしこれを3つ4つと買い足していたら？　毎年30万円以上の負担額を融資期間中支払い続けることになるのです。

よって新築ワンルームマンションは、売却せずにずっと保有し続けて運用しても、キャッシュフローがプラスになるのは36年目からで、投資した資金すべてを回収して、純粋な儲けが出るまで約40年かかることがわかりました。それならば、早めに売却して儲けを確定しようと考えるかもしれませんが、10年後に売却の場合６００万円近い赤字になってしまうのです。結果として、運用しても売却しても儲かる可能性が極めて低いと言わざるを得ない、これが新築ワンルームマンション投資の本当の姿なのです。

1-3-3 ワンルームの収支計算・投資分析の考え方

もちろん、新築ワンルームマンションでも購入価格が安ければ儲けが出るし、投資としても成立します。ではここからは、投資分析をしたことがない人のために、さわりだけ簡単にご説明します。

たとえば、購入価格が２５００万円ではなくて、売れ残り物件を販売会社との価格交渉の末に１５００万円で購入できたとします。諸経費80万円は自己資金で賄って、ローン金額は１５００万円、金利２・５％、期間35年。資金調達は同条件とします。家賃10万円で、運営費23万円控除後の営業純利益（ネット収入）が97万円だったとします。

1-42　**投資分析表**

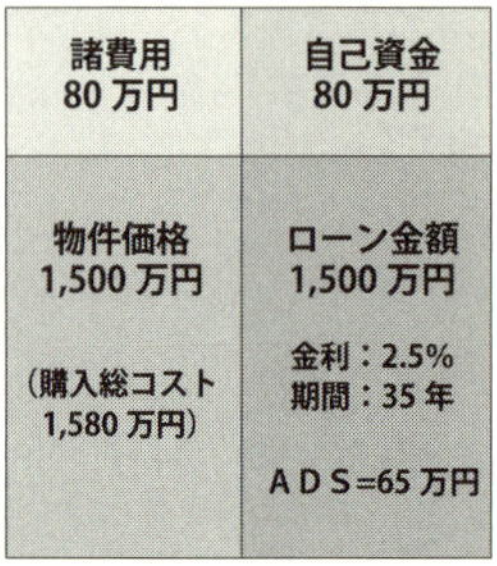

	年間家賃収入	120万円
▲	空室率	0万円
	実効総収入	120万円
▲	運営費	23万円
	営業純利益	97万円
▲	年間返済額	65万円
	税引き前キャッシュフロー	32万円

FCR6.5% CCR40%
DCR1.49

このケースの年間返済額は65万円です。すると、税引き前キャッシュフローは、

97万円－65万円＝32万円

と、ローン支払い後も32万円の手残りが出ます（**図1―42**）。

まず、利回りを確認します。運営費を加味しない単純な家賃収入を購入価格で割った表面利回りは

8％（120万円÷1500万円）

ですが、表面利回りはあくまでも表向きの数字であり、実際の収益力を把握するためには、家賃収入から空室率・運営費を引いた後の実質収入である営業純利益

（ネット収入）を、購入にかかった費用全額（購入価格＋諸経費）で割って求める実質の利回り「FCR（総収益率）」を計算します。

FCR＝ネット収入97万円÷購入費用総額1580万円≒6・5％

FCRは、ローンを利用せずに全額現金で購入した場合の利回りに相当。つまり、現金購入者は、この新築ワンルームマンションを買えば利回り6・5％のキャッシュを手にすることができるというわけです。

次に、物件を購入するために投じた自己資金の利回り「CCR（自己資本配当比率）」を求めます。CCRは、投入した自己資金に対して、どれぐらいのキャッシュフロー（現金）を得ることができるのかを計る、投資効率を知るための投資指標です。今回使った自己資金は80万円、それに対して得た年間のキャッシュは32万円ですので、32万円÷80万円で40％、CCRはキャッシュフローを自己資金で割って求めます。

CCR＝税引き前キャッシュフロー32万円÷自己資金80万円＝40％

ローンを利用せずに全額現金で購入すると利回りは6・5％ですが、全額ローンで購入したとすると、自己資金は40％の非常に高い利回りで回る効率の良い投資だということがわかります（実際にこれほど効率の良い投資というのはありませんので、あくまでも参考としてください）。

このように、「レバレッジ効果」が働き投資効率は上がります。しかし一方、投資効率が上がるということは、年間返済額も上がって手残りのキャッシュフローが減るために、今度は投資リスクが大きくなります。急激な金利上昇などがあった場合は、家賃収入からローン返済ができない恐れもあるだけに、投資の安全性を確認しなければなりません。

投資の安全性は、ＤＣＲ（負債支払い返済率）という指標で分析します。ＤＣＲはネット収入を年間返済額（ＡＤＳ）で割って求める指標で、ネット収入が年間返済額の何倍あるのかを示します。

ＤＣＲ＝ネット収入97万円÷年間返済額65万円＝１・49

この投資のＤＣＲは１・49。年間返済額65万円が１・49倍に増えても、ローンの支払いはネット収入の範囲で賄うことができるため、投資家は返済のために手持ちの資金を持ち出さずに済むということを示しています。ＤＣＲは数値が大きければ大きいほど、返済余力があることを示し、弊社ではＤＣＲ１・３以上をベースに、投資戦略を組み立てるのを基本にしています。いずれにせよ、投資効率や安全性を示す各指標のバランスを見ながら、最適な解を導き出すのが投資分析です。

投資分析の結果、この１５００万円の新築ワンルームマンション投資は、キャッシュフローが32万円のプラスで、かつ投資効率に優れ、安全性も確保されているということがわかりました。このような物件なら、出口戦略も良好な結果が期待できるかもしれません。よって、新築ワンルームマンションでも、もちろん価格が下がるのであれば投資として魅力的な商品になるわけですが、現実には、家賃10万円取れる新築ワンルームマンションを１５００万円で購入できる物件など、特に今のような情勢だとまずあり得ないでしょうし、これでは売主側の利益も何もあったものじゃないですから。もし仮に新築ワンルームマンションでも儲かる可能性があるとすれば、バブル期のように購入後に、大幅な価格上昇の局面を迎える状況です。２５００万円で買ったものが３５００万円で売れれば、運用がマイナスであったとしても利益は確保できるかもしれません。

コラム1

出口戦略の落とし穴「譲渡所得税」を知る

ワンルームマンションにしろ、一棟アパートにしろ、不動産投資には出口戦略（売却）がつきものです。これまで行ってきたさまざまなタイプの不動産投資のシミュレーションでも、運用中のキャッシュフローに売却益（売却損）を加えたトータルの損益を比較検討してきました。

しかし、実は落とし穴があります。不動産を売却する際にかかる税金「譲渡所得税」です。手持ち不動産の売却によってトータルの損益がプラスになったとしても、最終的に課税される譲渡所得税の負担によって、場合によっては損益がプラスからマイナスに転落してしまうこともあり得るのです。

ここでは、不動産投資を行うなら知っておきたい基礎知識を紹介します。

不動産売却時の譲渡所得税は、売却によって得られた「譲渡益」を対象に課税されます。たとえば、1億円で購入した物件が9000万円でしか売れなければ、譲渡益どころか1000万円の損失なので課税されないはず……？　ところが、そういう場合もあるし、そうでない場合もあるのです。譲渡所得税の仕組みが、その明暗を分けるというのです。

譲渡所得税は、次の方法によって算出します。

譲渡所得税＝売却価格－｛（購入価格－減価償却費累計）＋売却経費｝×税率

基本的には、売却価格から購入価格を差し引いたプラス分の利益に課税されるわけですが、忘れられがちなのが減価償却費の扱いです。

新築ワンルームマンション節税効果のシミュレーションのところで説明したように、減価償却費は年を追うごとに建物が古くなっていく価値の減少分です。投資物件の運用中にかかる不動産所得税の計算においては、減価償却費は、経費として認められるありがたい存在でした。実際には、投資家さんの財布からお金は出ていっていないのにもかかわらず、不動産収入を圧縮する経費として計上できるため、減価償却費が大きければ大きいほど、運用中は節税効果が発揮しやすくなるのです。

譲渡税について

売却価格 1 億円－購入価格 9,000 万円
＝儲かった 1,000 万円に対して税金がかかる？

実際は・・・

建物については経年劣化により減価されると考え、
減価償却費の累計額を購入価格から差し引く。

「購入価格－減価償却費累計＋譲渡費用」が購入価格となる

譲渡費用とは・・・

仲介手数料・売却契約書の印紙代・登記費用・
測量費用・更地で売るための建物解体費用・売却のために行った建物の補修費等

　ところが、不動産の売却時には、この減価償却費の大きさが逆にマイナスに働き、税法上は、減価償却した分だけ建物の現在価値が下がって簿価（帳簿上の現在価格）が低くなると考えます。したがって、譲渡所得の計算においては、売却価格から引けるのは、購入価格から運用中に減価償却した費用の累計を差し引いた建物簿価と、売却の際に現実にかかった売却経費ということになります。

　先の例では、1億円で購入した物件を9000万円で売ったものの、仮に運用中に減価償却費として2000万円を計上していれば、購入価格1億円から2000万円を引いた8000万円が建

物簿価と見なされます。9000万円の売却価格に対して、建物簿価は8000万円だから、譲渡益は1000万円（売却経費は除く）。不動産の運用中に減価償却費を多く使っていると、簿価が低くなって譲渡益が出やすくなるのです。

なお、ここでいう売却諸経費とは、仲介手数料や売買契約書の印紙代、登記費用、測量代、更地で売った場合は建物解体費、売却のために行ったリフォーム費用などを指しています。

以上を念頭に、税引き前と税引き後の譲渡所得をシミュレーションしてみましょう。

仮に5000万円で購入した物件を4000万円で売却できたとします。運用期間中に使った減価償却費の累計額は900万円。

4000万円で手持ち不動産を売却できたこの投資家さんは、売却によって840万円のキャッシュフローを手にすることができました。

物件売却価格	4,000万円
譲渡費用	160万円
ローン残高	約3,000万円
税引き前キャッシュフロー	約840万円

では、譲渡税はどうなるのでしょうか。

売却価格から建物簿価4100万円を引き、さらに売却にかかった経費も差し引くと、譲渡所得は260万円のマイナスになります。赤字だから譲渡所得税はゼロ。したがって税引き前のキャッシュフロー約840万円がそのまま手取り収入ということです。

では続いて、仮にこの投資家さんが節税のみを考えて運用中のキャッシュフローを多く出すために減価償却費を1500万円使っていたとすればどうでしょうか。ちなみに、新築物件を購入した場合は、建物と土地の価格割合が明示されているため、減価償却費はその建物割合によって計算しますが、中古物件の場合は個人売主の場合が多く、

購入価格　5,000万円

減価償却費累計　900万円

簿価　4100万円（5,000万円－900万円）

譲渡所得　▲260万円＝4,000万円－｛（5,000万円－900万円）＋160万円｝

譲渡所得税　0円

税引き後キャッシュフロー　約840万円

固定資産評価証明書

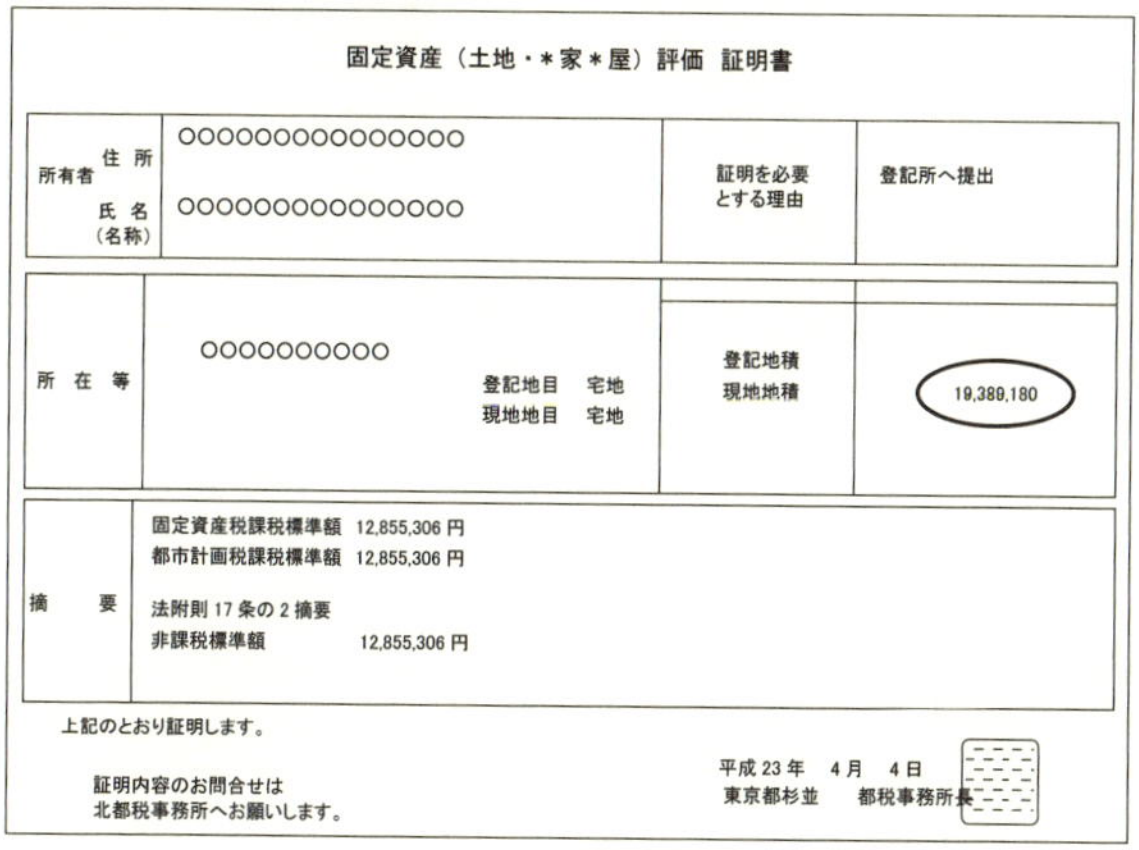
固定資産（土地・＊家＊屋）評価 証明書

所有者 住所	○○○○○○○○○○○○○○○○	証明を必要とする理由	登記所へ提出
氏名（名称）	○○○○○○○○○○○○○○○○		
所在等	○○○○○○○○○○○ 登記地目 宅地 現地地目 宅地	登記地積 現地地積	19,389,180
摘要	固定資産税課税標準額 12,855,306 円 都市計画税課税標準額 12,855,306 円 法附則 17 条の 2 摘要 非課税標準額 12,855,306 円		

上記のとおり証明します。

証明内容のお問合せは
北都税事務所へお願いします。

平成 23 年 4 月 4 日
東京都杉並 都税事務所長

土地と建物価格の内訳を明示しているケースはほとんどありません。よって、固定資産税評価額の按分から減価償却費を計算したり、国土交通省の「建築統計年報」を参考に算出を行います。

建物簿価は、

５０００万円－１５００万円＝
３５００万円

これに譲渡費用１６０万円を加えた３６６０万円が、売却価格の４０００万円から引くことのできる数字です。

式としては、

平成20年築の木造アパート 延床面積150㎡
150㎡ ×156,000円＝23,400,000円

※仲介手数料・売買契約書印紙代・固定資産税精算金等も、土地・建物の割合で按分した分が加算されるので注意！

建物の標準的な建築価額表（単位：千円／㎡）

構造／建築年	木造・木骨モルタル	鉄骨鉄筋コンクリート	鉄筋コンクリート	鉄骨
昭和40年	16.8	45.0	30.3	17.9
41年	18.2	42.4	30.6	17.8
42年	19.9	43.6	33.7	19.6
43年	22.2	48.6	36.2	21.7
44年	24.9	50.9	39.0	23.6
45年	28.0	54.3	42.9	26.1
46年	31.2	61.2	47.2	30.3
47年	34.2	61.6	50.2	32.4
48年	45.3	77.6	64.3	42.2
49年	61.8	113.0	90.1	55.7
50年	67.7	126.4	97.4	60.5
51年	70.3	114.6	98.2	62.1
52年	74.1	121.8	102.0	65.3
53年	77.9	122.4	105.9	70.1
54年	82.5	128.9	114.3	75.4
昭和55年	92.5	149.4	129.7	84.1
56年	98.3	161.8	138.7	91.7
57年	101.3	170.9	143.0	93.9
58年	102.2	168.0	143.8	94.3
59年	102.8	161.2	141.7	95.3
60年	104.2	172.2	144.5	96.9
61年	106.2	181.9	149.5	102.6
62年	110.0	191.8	156.6	108.4
63年	116.5	203.6	175.0	117.3
平成元年	123.1	237.3	193.3	128.4
2年	131.7	286.7	222.9	147.4
3年	137.6	329.8	246.8	158.7
4年	143.5	333.7	245.6	162.4
5年	150.9	300.3	227.5	159.2
6年	156.6	262.9	212.8	148.4
平成7年	158.3	228.8	199.0	143.2
8年	161.0	229.7	198.0	143.6
9年	160.5	223.0	201.0	141.0
10年	158.6	225.6	203.8	138.7
11年	159.3	220.9	197.9	139.4
12年	159.0	204.3	182.6	132.3
13年	157.2	186.1	177.8	136.4
14年	153.6	195.2	180.5	135.0
15年	152.7	187.3	179.5	131.4
16年	152.1	190.1	176.1	130.6
17年	151.9	185.7	171.5	132.8
18年	152.9	170.5	178.6	133.7
19年	153.6	182.5	185.8	135.6
20年	156.0	229.1	206.1	158.3
21年	156.6	265.2	219.0	169.5

注）「建築統計年報（国土交通省）」の「構造別：建築物の数、床面積の合計、工事費予定額」表を基に、1㎡当たりの工事費予定額を算出

4000万円－｛（5000万円－1500万円）＋160万円｝

したがってこの投資家さんは、

4000万円－3660万円＝340万円

この譲渡益を得たとみなされます。物件購入から10年後に売却したとすると、譲渡所得税の税率は長期譲渡20％が適用されるので、譲渡税は340万円×20％＝68万円。税引き前のキャッシュフロー840万円は、税引き後は772万円に減少するということです。

では、親から相続した物件を売却する場合など、購入価格がわからないケースでは、譲渡所得税が多額になりやすく、購入価格が不明の場合は、売却価格の5％を購入価格とすることが決められています。

4000万円－｛（4000万円×5％）＋160万円｝

先のシミュレーションにこれを当てはめると、売却価格の4000万円から購入価格として引けるのは5％の200万円だけ。これに譲渡費用160万円を加えた360万円を差し引いた3640万円が譲渡益とみなされるので、3640万円×税率20％で、譲渡所得税は何と728万円にものぼります。

不動産投資を行う場合は、なるべく減価償却費を多くとって運用中の儲けを厚くしたいと思いがちですが、運用時にメリットがある分、売却時には手残りが減るということをおさえておいてください。よって出口戦略を考えた場合は、必ずしも減価償却費が多ければ多いほど良いとは限らない、ということを知っておきましょう。

事例を一つ紹介します。保有期間4年の中古アパートを売却したケースです。ある投資家さんは、物件が築20年以上と古いにもかかわらず、購入価格6000万円に対して建物分2000万円とし、年間で500万円の減価償却費を計上していたのです。

確かに、この効果は大きく、税引き前56万円だったキャッシュフローが、多額の減価償却費の計上に伴う赤字による還付で、税引き後は91万円にまで高まっていました。ところが売却時には、多額の減価償却費が裏目に出ます。何と譲渡所得税は約600万円。運用中の儲けが吹き飛んでしまったのです。この投資家さんは所得税率が15%と低いことから、運用中の税金よりも、売却時の譲渡税（長期譲渡であれば20%・短期譲渡であれば39%）を意識したほうが良かったということです。

毎年の減価償却費は500万円

運営からのキャッシュフロー予想

購入後年数	1	2	3	4	5
GPI（総潜在収入）	¥5,000,000	¥5,000,000	¥5,000,000	¥5,000,000	¥5,000,000
EGI（実効総収入）	¥4,750,000	¥4,750,000	¥4,750,000	¥4,750,000	¥4,750,000
OPEx（運営費用）	¥750,000	¥757,500	¥765,075	¥772,725	¥780,452
NOI（純営業収益）	¥4,000,000	¥3,992,500	¥3,984,925	¥3,977,275	¥3,969,543
ADƐ（元利返済額）	¥3,433,770	¥3,433,770	¥3,433,770	¥3,433,770	¥3,433,770
BTCFo（税引前キャッシュフロー）	¥566,230	¥558,730	¥551,155	¥543,505	¥535,778
NOI（営業収益）	¥4,000,000	¥3,992,600	¥3,984,925	¥3,977,275	¥3,859,548
ローン利息	¥1,325,957	¥1,272,654	¥1,218,002	¥1,161,968	¥1,104,518
減価償却費	¥5,000,000	¥5,000,000	¥5,000,000	¥4,999,999	¥0
課税所得	¥2,325,000	¥2,280,000	¥2,233,000	¥2,184,000	¥2,865,000
納税額	¥348,700	¥342,000	¥334,900	¥327,800	¥423,700
ATCFo累計（取引後キャッシュフロー）	¥914,930	¥900,730	¥665,055	¥571,105	¥106,078

減価償却費は、
売却時に譲渡税でしっかり持っていかれる

売却のキャッシュフロー予想

売却時キャップレート	8.80%
売却翌年 NOI	¥3,869,548
物件売却価格	¥58,380,000
譲渡費用	¥2,335,200
ローン残高	¥45,243,483
BTCF（税引前キャッシュフロー）	¥10,801,302
取得費（減価償却前）	¥60,000,000
減価償却費累計	¥19,999,999
取得費（減価償却後）	¥40,000,000
譲渡所得	¥16,044,000
譲渡所得税	¥6,257,100
ATCF（税引後キャッシュフロー）	¥4,544,202

投資分析結果

投資分析

FCR（総収益率）	6.17%	購入時キャップレート	6.67%
K%（ローン定数）	6.36%	LTY（借入金割合）	90.00%
CCR（自己資本配当率）	5.24%	DCR（借入償還余裕率）	1.16%
レバレッジ分析	Negafve	BER（損益分岐入居率）	83.66%

全体分析	税引前	税引後
IRR（内部収益率）	5.15%	−8.11%
NPV（正味現在価値）	¥55,560	
PB（資金回収期間）	売却時	回収不能
運営・売却キャッシュフロー累計	¥13,020,992	¥8,117,022
（参考）全額自己資金時IR	2.92%	0.65%

DCR平均
1.16%

BER平均
83.90%

売却価格5,383万円－{（購入価格6,000万円－減価償却費累計2,000万円－譲渡費用233万円）

=譲渡所得1,604万円×3・9%

=譲渡税　625万円

第2章

新築ワンルーム投資の落とし穴

1 新築ワンルーム投資の留意点

2-1-1 節税ができなくなれば、さらに2戸目を買い足してしまう

これまで見てきた新築ワンルームマンション投資の現実の姿を、ここでひとまず整理してみます。

「新築ワンルームマンション投資は初年度は節税効果がありますが、2年目以降ほとんどの場合、節税効果に期待はできない」

これが投資シミュレーションが物語る最初の現実でした。

読者の皆さんのなかには、「節税効果がほとんどないのに、新築ワンルームマンションを買う人なんているの?」と思われる方がいるかもしれません。しかし、本書のようにここまで詳細にシミュレーションして営業する不動産業者はいないでしょうし、現実

問題、こんな説明をしてしまえば、売れるものも売れなくなってしまいます。よって、いかにも購入すればメリットがあるような「節税対策」のみを全面的に押してくるわけです。

このように、実際の投資シミュレーションを計算してみると、2年目以降はほとんど節税効果はないのですが、少なくとも初年度は、金額の多寡は別として節税効果があることがわかりました。そうすると、初年度の節税効果だけを見て「1戸目を買って30万円の節税になるのだから、2戸目を買えば60万円の節税になる」と、現実に気づかぬまま、3戸目・4戸目と買い足してしまう投資家の方もいらっしゃいます。なかには、1戸目を買って2年目以降節税ができなくなれば、「じゃ、もう1戸買えばまた節税になるじゃないですか」と最初に買った不動産屋の営業マンにまた連絡を取り、勧められたまま、まんまと2戸目を買い足してしまうケースだってあるくらいです。

ちなみに、私がこれまで相談を受けてきた投資家のなかで、最も多かったのは12戸の新築ワンルームマンションを所有していた方です。どうしてもう少し早く気づかなかったのかとは思いつつも、残念ながらやはり12戸すべてが赤字であり、ローン残債は2億円以上を抱え込んでいたのです。よくもそこまで融資を引っ張ることができたなとも思いましたが、重税感がより強い高額年収の方ほど、節税に対する関心は高く、現実問題、新築ワンルームマンション投資によって、1億円超の負債を抱えている方は決して珍しくないというのが、最前線の現場で働く私たちにとっての悲しい現実なのです。

2-1-2 サブリースのからくり

販売会社が物件営業の際に、投資家に提示する収支予測には決して含まれていない投資リスクがあることも、新築ワンルームマンション投資の現実です。これは新築ワンルームマンションに限らず、不動産投資を行う際には「賃料下落リスク」や「空室リスク」を織り込んだ投資分析を必ず行わなければならないことは、先に述べたとおりです。

前述したように、新築時には10万円で入居者が決まったとしても、入居者が2~3回入れ替わった後は、新しい入居者を募集するたびに家賃を下げないと決まらなくなるケースがほとんどです。新築から5年、10年と物件を所有し続けていくうちには、必ず空室が発生するのも賃貸経営であり、それが不動産投資のリスクなのです。

この空室リスクをヘッジする手段として「サブリース」を提案する販売会社もありま

す。しかし、このサブリースに対する過信も禁物です。サブリースとは、新築ワンルームマンションを購入したオーナーから、販売会社の系列不動産管理会社などが、たとえば8万円で物件を借り上げ、借り上げた住戸を10万円で入居者に転貸する仕組みのことをいいます。物件を購入した投資家にしてみれば、空室の心配をする必要もないし、サブリース会社から稼働状況に関係なく、毎月の家賃収入を安定して得ることができるため、一見するとメリットが大きいように感じてしまいます。

ただ、不動産投資の初心者には意外に知られていない点があります。このサブリースはほとんどの場合、2~3年ごとに借り上げ賃料を見直す契約になっていることには注意が必要です。仮に、市場賃料10万円と査定した新築ワンルームマンションを、管理会社が8万円で借り上げてくれるサブリース契約を結んだとしても、次のサブリース契約の更新時に、家賃の相場が下がれば、契約家賃の値下げを要求されます。数年先の市況がわからないなか、長期間一定の変わらない金額でサブリースをするようなことは、冷静に考えれば現実的に不可能な話です。

たとえ広告で「30年借り上げ」とうたっていても、それはあくまでも「サブリースをします」という話であり、2~3年ごとに契約見直しがあることに変わりはありませんし、契約当初のサブリース賃料を市場相場より高く設定して利回りを高く見せ、その分販売価格の上乗せをしている可能性だって十分考えられます。

さらに、サブリース会社が倒産するリスクも否定できません。新築ワンルームマンションのサブリースの場合、その多くは販売会社の系列管理会社が物件を借り上げることがほとんどです。サブリース会社自体の経営には不安がなかったとしても、多額の開発資金を銀行から借り入れてワンルームマンションを開発する親会社の不動産会社の経営は、金融市場の動向に左右されやすく、銀行のさじ加減ひとつで経営状態が大きく変化します。万が一、親会社の経営が破たんすれば、子会社であるサブリース会社が破たんする可能性ももちろん考えられるのです。

先のリーマンショックでは、銀行から融資を受けられなくなったり、開発資金の早期返済を求められた多くの不動産会社が倒産に追い込まれました。実際に私のクライアントでも、過去に新築ワンルームマンションを購入して、結局その会社のサブリースを受けていたのですが、あるときから急に家賃が振り込まれなくなり、結局その会社が倒産してしまった実例もありました。

結果的に、半年以上の家賃を回収できないことになったのです。もちろんなかには、健全経営を行っている信頼できるサブリース会社も存在するものの、不動産市場ではサブリースに関するトラブルが非常に多いことを肝に銘じておくべきです。

2-1-3　安すぎる修繕積立金

さらに、「賃料下落」「空室」と並んで、新築ワンルームマンションには「修繕積立金が安すぎる」リスクも払拭できません。分譲マンションにお住まいの方ならご存知だと思いますが、区分所有マンションには将来の大規模修繕などに備えて、各戸が資金を毎月積み立てていく修繕積立金という仕組みがあります。新築ワンルームマンションの場合、支出である修繕積立金は投資家の収益を低下させる要因として働くために、販売会社が修繕積立金を必要以上に安く設定して、見かけ上の利回りを底上げしているケースが散見されます。

なかには、月額の修繕積立金が数百円といったケースもあり、これでは積立金不足によって将来の修繕がままならず、大規模修繕などが必要になった場合に、多額の一時金の拠出を迫られたり、修繕積立金の値上げ、最悪なケースとして修繕資金を調達することができなければ、建物の劣化、つまり資産価値の劣化を指をくわえてながめているしかない、といった事態にもなりかねません。

分譲マンションでは、目先の収支（利回り）だけにとらわれず、適正な修繕積立金が設定されているかを確認するとともに、もし中古マンションを購入するのであれば、そのマンション全体で、どのくらいの修繕積立金が貯まっているのかを「重要事項調査報告書」という書面を管理会社から取得し、確認することも重要です。

また、その重要事項調査報告書を見ると、これまでの修繕履歴や今後の大規模修繕予定、管理費・修繕積立金額の改定予定などが明記されていますので、契約前に必ずチェックすることが重要となります。それによって、もし管理費・修繕積立金額の改定予定（値上げ）があれば、再度収支計算をやり直し、場合によっては、その契約を見送ったほうが良いことも考えられます。

不動産業者によっては、契約後でないとそのような情報は開示できないと言ってくるケースもありますが、決してそのようなことはありませんので、しっかりと内容を確認したうえで購入を検討するようにしてください。

2-1-4 新築ワンルーム投資は生命保険代わり?

ついでに、新築ワンルームマンション営業トークのもう一つの常套句である「生命保険代わりになります」について説明します。

「生命保険代わり」とは、新築ワンルームマンションの購入者がローンを組む際に、銀行から加入を義務づけられる「団体信用生命保険」のことを指しています。この団体信用生命保険(通称「団信」)は、新築ワンルームマンションの購入者が万が一、ローン支払い中に死亡した場合、ローンの残債を購入者に代わって生命保険会社が支払う仕組みです。これにより遺された購入者の家族は、ローンの残債を支払うことなくマンションを手にすることができるため、〝マンション購入は生命保険代わりになる〟といわれるのです。

これは日本独自の大変ありがたい制度ではあります。厚生労働省によれば、平成28年の日本人の平均寿命は男性が80歳、女性が87歳。仮に35歳で30年ローンを組んだとすれば、その支払いが終わるのは65歳。65歳までに購入者が死亡することはないとはいえませんし、何かあったときの生命保険として安心ではあります。

しかし、繰り返しになりますが、ローンの支払いが終わるまでの35年間は、毎年10万円超の赤字であり、また後述する不動産投資の売却（出口）を考えると、高額過ぎる生命保険負担額となるのです。団体信用生命保険は、新築ワンルームマンション購入のためのローンに限らず、中古ワンルームマンションでも、1棟アパートでも、融資を組む際には加入を求められるのが一般的です。

よって、仮に不動産投資に生命保険代わりの役割を期待するのなら、ローン支払い中もキャッシュフローを生むような、投資として儲かる物件を購入し、選択すべきことが重要ではないでしょうか。

2 新築ワンルームを購入してしまったら……

そうは言っても、営業マンのセールストークを信じて、すでに新築ワンルームマンションを購入してしまった投資家の方も少なくないでしょう。不動産調査会社の東京カンテイの調べによれば、2013年に首都圏で発売された新築ワンルームマンションは、約5000戸。2015年には約9700戸が発売され、1万戸目前の水準まで急増しているのです。一人で複数戸を購入する投資家がいないと仮定すれば、年間約1万人近い投資家の方が新たに新築ワンルームマンションを購入しているということになります。

弊社を訪れる投資家の方のなかにも、「新築ワンルームマンションを購入したものの赤字続きで、これからどう対応したらいいのかわからない」といった悩みを抱える方が、相当数いらっしゃいます。そんななか、投資家から実際に質問を受けた内容について、対応策の是非を考えてみることにします。

2-2-1　ローンの借り換えで金利を下げることはできますか？

新築ワンルームマンション投資の大きな問題の一つは、多額のローン返済が重荷になって、ローンを完済するまでの長期間にわたり、キャッシュフローがマイナスになってしまうことでした。ならば、ローンを借り換えることによって金利負担が下がれば、少なくともキャッシュフローは改善し、投資家の毎年の負担は一定程度軽減されることになります。

また、大幅に金利が下がるのであれば、あえて支払い額を変えずに融資期間を短くして将来リスクを下げるという選択肢も考えられます。

しかし実際には、これまで新築ワンルームマンションの借り換え交渉に幾度となく挑戦した経験がありますが、多くが失敗に終わっています。

新築ワンルームマンションに関しては、借り換えに応じてくれる銀行はほとんどないのが現実です。そもそも実績がものをいう不動産投資において、キャッシュフローがマイナスということは、銀行からのイメージも決して良いとはいえず、今後も家賃の下落から物件価格の値下がりが予想される以上、そうしたリスクに手を出そうという銀行は多くありません。要は資産と負債のバランスを見たときに、新築ワンルームマンションというのは債務超過状態に陥りやすく、最低でもその債務超過分を一部繰り上げ返済しない限り、銀行からのイメージは大きなマイナスとなってしまいます。

そもそも新築ワンルームマンションに融資をしている銀行ならば、借り換えにも柔軟に対応してくれそうに感じますが、築浅でも中古になった瞬間に、取り扱い部署が変わりそっぽを向かれてしまうのです。もし万が一、借り換えを検討してくれる銀行があったとしても、融資条件としてある程度追加の自己資金投入を求められるのが現実なのです。

ただし、他に所有している物件を含めた総借り換えや、新規物件の購入時に併せた借り換えを打診すれば可能性はあります。たとえば、一棟アパートや一棟マンション、自宅など、ある程度高額な融資であれば、銀行としては力が入るでしょうし、その一棟クラスがしっかりと収支のクリアできており評価も高ければ、もしかすると借り換えに応じてくれるかもしれません。

これまでの経験上、投資家の皆さんは所有している各物件を個別にみる傾向がありますが、すべてを一括りにしたほうが間違いなくチャンスは広がります。また相談のタイミングとしては、3月や9月の銀行決算月が狙い目でしょう。

2-2-2 繰り上げ返済をするという選択は正しいのでしょうか？

繰り上げ返済も、キャッシュフローの改善効果やローン完済の前倒し効果がある対応策です。ただし、その効果は投資家によってケースバイケースです。投資家が不動産投資にどう向き合うかといった投資スタンスによって、繰り上げ返済すべきか否かの判断が分かれます。その判断は投資家個々人が数字によって行うことになります。どういうことか、具体的に説明していきます。

新築ワンルームマンション2500万円を購入するのに、諸経費を除く2500万円全額を金利2・5％、期間35年のローンで調達する先ほどからの投資モデルで考えてみます。年間返済額は107万円、毎年のキャッシュフローは約10万円の赤字です。

この新築ワンルームマンションを購入した投資家の手元に、自由になるお金500万円があり、それを繰り上げ返済に回すかどうかをシミュレーションします。話をわかりやすくするために、ローンは2500万円全額が残っていたとします。500万円を繰り上げ返済すると、残債は2000万円に下がり、毎年の返済額は107万円から85万円に減少します。つまり、500万円の自己資金を投入することによって、返済額が22万円減る（107万円－85万円）ということは、500万円で22万円のキャッシュフローを得る投資をするということです。

したがって、この投資のリターンである22万円を500万円で割り戻せば、繰り上げ返済という投資の利回りを求めることができます。

22万円÷500万円＝4・4％

あとは、この4・4％という自己資金の利回りをどう見るかの判断と選択です。4・4％の投資リターンが低すぎると判断すれば、手元にある500万円は繰り上げ返済に回さず、もっと高い利回りの投資先に運用して、投資効率を上げたほうが良いでしょう。仮に物件を購入し、レバレッジを効かせ自己資金の利回りが10％で運用できたとすると、50万円のキャッシュフローを得ることができます。よって2500万円で購入した最初の新築ワンルームマンションは、繰り上げ返済せずに、より多くの儲けを実現できる物件に500万円を投じることによって、投資物件を増やしながら、投資全体の利益の底上げを図るほうが良いかもしれません。

逆に「これ以上他の物件を買うつもりはない」という投資家の方は、4・4％の利回りでも繰り上げ返済を行って、毎年のキャッシュフローの改善を図れば良いでしょう。返済額が減れば、当然、投資の安全性も向上します。

数字による繰り上げ返済のシミュレーションは、中古ワンルームマンションでも、一棟アパートでも、同じように行うことが可能です。繰り上げ返済することにより、減った年間支払額を、繰り上げ返済する自己資金額で割り戻すと、その自己資金の投資利回りがわかるということです。**図2―1**は、新築ワンルーム・中古ワンルーム・一棟中古アパートの融資条件から計算される500万円を繰り上げ返済に回した場合の投資利回り事例です。

また、すでにお気づきの方もいるかもしれませんが、住宅ローンを繰り上げ返済すると、非常に投資効率が悪くなってしまいます。仮にローン残債2500万円、金利1％、融資期間35年とします。このような条件であれば、年間の返済額は約85万円。500万円を繰り上げ返済すれば、支払額は約68万円まで下がり、その差額は18万円となります。

18万円÷500万円＝3・6％

2-1　投資利回りの事例

自己資金 500 万円を繰り上げ返済に充てる

■新築ワンルーム
ローン残債 2,500 万円　金利 2.5%　融資期間 35 年
年間返済額 107 万円→年間返済額 85 万円　22 万円支払いが減る
22 万円 ÷ 500 万円 = 4.4%

■中古ワンルーム
ローン残積 1,000 万円　金利 3%　融資期間 15 年
年間返済額 82 万円→年間返済額 41 万円　41 万円支払いが減る
41 万円 ÷ 500 万円 = 8.2%

■一棟中古アパート
ローン残積 5,000 万円　金利 2%　融資期間 25 年
年間返済額 254 万円→228 万円　26 万円支払いが減る
26 万円 ÷ 500 万円 = 5.2%

住宅ローンというのは、とにかく金利が低く長期ローンが組むことができ、他のローンと比較しても融資条件がとても良いわけですから、それをわざわざ返済するよりも、アパートローンに充てるか、または新規物件を購入したほうが投資効率はよくなるわけです。繰り上げ返済に回せる資金があれば、こうして物件ごとのそれぞれの自己資金利回りを計算し、また他の物件を購入した場合との利回りの比較によって資金の使途を検討すれば、より効率よく自己資産を運用することができます。日本人にない「お金の知識」、「住宅ローンはコツコツ繰り上げ返済をして健全でありましょう」なんてスタン

スには疑問が残ります。

先日銀行に相談したときの住宅ローン金利は、なんと0・5%でした。そんなタダでもらったようなものに繰り上げ返済をするくらいなら、他に投資する先は、いくらでもあるように感じます。「借り入れ」は悪だなんて古い考えは捨てて、このようにうまくそれらを活用し、利用して考えることはとても重要なことであり、そういった考えがより資産形成への近道となります。

こうしたお金の知識があるのかないのか、それによって自身の将来を、また家族の将来を守れるかどうかというくらい非常に大切なことだと考えます。

2-2-3　市況を見て売却を検討したほうが良いのでしょうか？

不動産市況が上向きで、価格も上昇している状況では、売却による出口戦略の実行も検討に値します。とくに現在は、アベノミクスやマイナス金利によって、不動産価格は上昇基調を描き、数年前と比べても高値での売却が期待できるタイミングとなっています。売却による投資の手仕舞い、利益確定というのも立派な投資戦略であることを覚えておきたいところです。

先日、山手線内側にある築5年のワンルームの売却依頼を受けたのですが、売り出してすぐに表面利回り7％での購入申込みが入りました。それも驚くことに、不動産業者からの買い付け申込みです。その業者はこの物件の転売を考えており、結局、表面利回り5％台で次の買主に売却を行ったとのことです。

またこの他にも、3年前に購入してもらった東京・中央区の築古ワンルームマンション価格が880万円。家賃が6万9000円ですから、当時で表面利回り9・4％の物件。先日オーナーさんから、「もし良い金額で売れるのなら」ということで連絡があり、少し強気に表面利回り7％、1180万円で売り出すことにしました。

すると、知り合いの不動産業者から、数時間で満額の買い付け申込みが入ったのです。これはちょっと様子がおかしいということで、その業者さんには謝罪し、仕切り直しとして、再度価格の値付けを行ったのです。そして、表面利回り5％、価格1650万円という、3年前よりも2倍近い金額で売り出すことにしました。結果的に、それだけ低い利回りであっても1ヶ月ほどで満額の1650万円で売却することができてしまったのです。

このように、不動産市況によって、思わぬ価格で売れるようなこともありますので、

2-2　**収益物件価格・計算式**

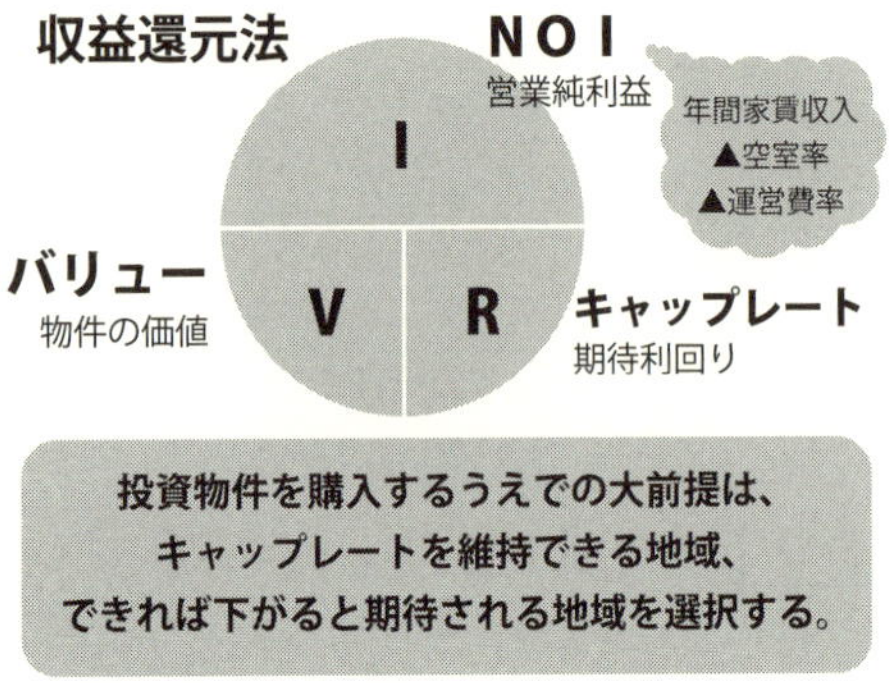

その情勢次第では出口を確定させるのもひとつの方法ではないでしょうか。

あとは、それを今売ったほうが良いのか、来年売ったほうが良いのか、またもっと先のほうが良いのか。未来のことなど誰にもわかりませんので、ひとつの賭けになるかと思います。

そこで、売却時に大きくかかわってくるのは「収益還元法」という考え方です。収益物件の価格はV＝I／Rという関係で成り立っており、Vはバリュー：物件の価値、Iはインカム：ネットの収入（NOI）、Rはレート：キャップレート（期待利回り）を表します（**図2―2**）。

ネットの収入というのは、年間家賃収

入－空室率－運営費ですから、家賃収入が上がればネットの収入も上がりますので、物件の価値も上がります。逆に家賃が下がればネットの収入も下がり、物件の価値は下がるということになります。

では空室率が下がればネットの収入が上がるから、物件の価値は上がります。そして、売りに出ている物件を買うときに、投資家がこのくらいの利回りは欲しいと期待するネット利回りのことを「キャップレート」といいます。

東京駅前や品川駅前など人気の高いエリアは投資リスクが低いので、キャップレートは3％台で売却できるかもしれません、しかし、人口の減っているような地方都市であれば、それだけリスクも高くなるのでキャップレートは、10％以上必要になるかもしれません。その結果、キャップレートの低い地域であれば物件価値も上がりますし、キャップレートの高い地域であれば、その価値は大幅に下がるということになります。

このようにして家賃収入や運営費、キャップレートによって収益物件の価格というのは決定されるわけですが、話を戻すと、今後家賃の値上がりしそうな物件やキャップレートの下がりそうな地域であれば、今売るのではなくて、まだ所有していたほうが物件価格が上昇する可能性は高いと考えます。

よって、新築ワンルームマンションを買ってしまった場合、この情勢で売却してもローン残債が残ってしまうケースでは、まずは将来的に価格の上昇が期待できるようなエリアであれば、そのまま保有して様子を伺うほうが良いかもしれません。

たとえば、品川駅界隈の再開発エリアです。品川駅と田町駅の間に新駅ができ、予定ではその周辺に8棟もの超高層ビルが建設されるとのことです。その再開発に約5000億円といわれる総事業費をかけ、さらにはリニア新幹線も2027年に開業予定です。これによりキャップレート（期待利回り）が下がると考えられ、実際に弊社で管理している田町駅の区分マンションは、10年前に700万円台で売りに出されていたものが、今ではなんと1300万円台となっており、すでに大幅な価格の上昇が起こっています。

では逆に、それほどまで期待が持てないエリアであれば、家賃の下落から収支はさらにマイナスとなって、売却時の価格も下がっていくことになるでしょう。結果、保有し続けるだけ現金の持ち出しが増え、さらにマイナスは膨らむばかりです。このようなときには損切りをしてでも、早めの売却を選択したほうが賢明かもしれません。東京オリンピックが終わり、価格が下落すればさらなる痛手となる可能性も十分に考えられるのです。そのあたりを含め今売るのべきか、それともまだ様子を伺うべきなのか、よくよく検討してみてください。

少し話はそれますが、このような売却時に投資家さんから、たとえば今回のような新築ワンルームマンションを購入して、数年後に売却をしたときの譲渡損が出たようなときに、給与所得と相殺することができるのかという質問をたまに受けますが、これは残念ながら相殺することはできません。譲渡税というのは、給与や不動産の収入とは別で計算する分離課税のことです。相殺できるケースというのは、他の不動産を同じ年に売却して譲渡益が出た場合ですので、もし譲渡税のかかる物件をお持ちの方は、うまく利用したいところですね。

2-2-4 契約を取り消すことはできますか？

決済が終わっていなければ、手付解約のできる可能性があります。「手付金を支払って契約をしたものの、実際のところ投資としてどうなのか？」とお問い合わせをいただくこともあります。

先日相談を受けたのは、大阪で「新築ワンルームマンションを契約したが、このまま本当に購入しても良いのでしょうか？」という内容でした。契約時に支払った手付金は10万円ということでしたので、こちらの提案としては、「早々に手付金を放棄しましょう」ということでした。手付放棄とは、売買契約時の説明にもあるとおり、手付金を放棄することにより、この契約を解除できるというものです。残念ながら支払った手付金10万円は戻ってきませんが、買ってからの支出、売却時の数百万円という持ち出しを考えると、これは勉強代として前向きにとらえるしかありません。なかなか勇気のいる選択かもしれませんが、仮に手付金が50万円、１００万円だったとしても、後々のことを考えれば、思い切って手付放棄したほうが、結局のところ持ち出しを最小限に抑えられるベストな方法でしょう。

前述した新築ワンルーム投資の出口戦略では、ポジティブな投資分析でもトータルで５００万円ほどのマイナスとなっています。これは非常に辛い決断ではありますが、手付放棄を勧めます。もし今、この状況に置かれている方がいるようでしたら、至急相談に来てください。決済が終わった後だとどうすることもできません。手付金を放棄したほうが良いのか、そのまま購入したほうが良いのか、数字をもってご提案させていただきます。

このようにして分析していくと、いかに新築ワンルームマンション投資が危険だったのかがわかってもらえるかと思います。無知ほど怖いものはないとはよく言いますが、不動産投資の場合、そこの基本的な知識を身につけるだけで、相当のリスクを軽減することができるのです。数ある商売のなかでも、これほどわかりやすい読みやすい事業はないわけで、家賃が入ってきて運営費・ローン返済という経費が引かれて手残りが利益となるのです。そして、投資効率や安全率の投資指標をいくつか理解するだけで、見えてくるものも数多くあります。

あとはこういう考え方があるということに出会えるのかどうか、不動産投資をするうえでこのような考え方は欠かせない知識となりますので、ぜひこの機会にしっかりと身につけていただければと思います。

コラム２

資産管理法人で行う不動産投資

不動産投資といえば個人で行うものと思われがちですが、近年注目されているのが資産管理法人を設立して法人所有で不動産投資を行う手法です。

不動産投資には税金がつきものですが、所得税には超過累進税率が採用されており、所得が高い人ほど高い税金が課税されるのです。

具体的に言うと、課税所得が１８００万円超の場合には所得税・住民税合わせて50・84%、課税所得が４０００万円を超えると所得税・住民税合わせて55・９４５%という半分以上の税金が課されることになるのです。

元々の所得が高い方は総合課税である不動産所得がプラスされることによって、さらに高額な税金に悩まされるケースはとても多く、せっかくリスクを背負い不動産投資を行っているなかで、儲けの約半分が税金に持っていかれるというのは、何ともやるせない気持ちになってきますね。

それに対し、法人税の場合には、実行税率で20％台になることが多く、所得が高い方であれば半分の税金で済むことになるのです。

ですので、私は物件を購入する際に、個人名義で購入するか、それとも資産管理法人を設立して法人名義で購入するのか検討してもらうようにしています。実際に私のオーナーさんでも、給与所得の高い方は最初から資産管理法人を設立して物件を買い進める方が増えています。

「法人ということは3年分の決算書が黒字でないと融資が難しいのでは？」と質問を受けることがありますが、決してそんなことはなく、要は投資家さんの個人属性を見たうえで銀行は審査を行い、それによって法人に融資を行うのです。なので法人の実績など必要はなく、購入する投資物件が出たタイミングでの法人設立でも十分間に合うのです。ただし、そもそも法人への融資を行っていない金融機関があります)。

あとは、本当に法人を設立したほうがいいのかどうか？　ですが、ご年齢や家族構成によっても変わってきます。

あと数年で定年を迎える方で所得が下がることが見込まれるような方であれば、個人のままのほうが良いのかもしれません。年齢も若く今後も所得が高い方であれば、最初から資産管理法人を設立したほうが良いと思います。

第3章

中古ワンルーム投資はどうか

ここまでで新築ワンルームマンション投資の危うさはご理解いただけたと思います。

では、今度は中古ワンルームマンション投資の是非を考えてみましょう。まず、新築ワンルームマンションと同じように、中古ワンルームマンションのメリット・デメリットです。

1 中古ワンルーム投資のメリット

①購入後に手間がかかりづらい

中古ワンルームマンションも新築と同様に、管理会社が管理する区分所有建物であり、管理会社さえしっかりしていれば、購入後の手間はほとんどかかりません。また、新築時でもお伝えしましたマンション全体の修繕積立金総額を確認し、その修繕積立金が少なければ、管理組合で借入れを起こして大規模修繕を行っているようなケースもあるので、注意が必要です。

5年くらいで借入れを完済し終わるケースがほとんどですが、その間、修繕積立金の貯まるペースが遅くなり、次回の大規模修繕工事にはさらなる多大な借入金が必要になることも考えられますので、毎月の修繕積立金の増額や一時徴収金を検討したほうが良いでしょう。

私自身の所有する自宅マンションも、もともと修繕積立金総額が少なく、将来的には借入れを起こし修繕維持していくようになることが目に見えていましたので、理事長になってから先手を打って、毎月の修繕積立金の値上げを提案し、それを実行してきました。

そして特に覚えておいていただきたいのは、銀行によっては、マンション全体の修繕積立金総額が少なかったり、また借入れがあることによって、融資の受けられない場合もあることとです。これには、注意が必要です。もし仮にそのようなことに陥ってしまえば、売却時に買い手を見つけることが難しくなり、そのマンションの価値自体が下落することも考えられます。特に投資用のマンションについては、総会等に参加する所有者さんも限られており、長期的に健全な管理運営を維持できていない物件も多く見受けられます。

②好立地物件を購入できる

これも新築ワンルームマンションと同じく、山手線内側や、さらに都心部など、一棟アパートではほとんど不可能な好立地の物件を購入できるのが、ワンルームマンションならではのメリットといえます。

③賃料が安定しているため「購入価格≒売却価格」の可能性も

新築時の賃料下落が避けられない新築ワンルームマンションとは対照的に、中古ワンルームマンションは、賃料の下落リスクが低いのが新築にはないメリットです。

とくに築20年程度の中古ワンルームマンションの賃料は安定期に入り、以降はほぼ一定水準で推移するケースが多くあります。たとえば、築20年で購入した中古ワンルームマンションの家賃が6万円だったとして、この物件を10年後の築30年で売却しようという場合、よほど管理状態が悪い物件でなければ、同じ家賃水準で貸せていることはよくあります。このため、前述したとおりの収益還元評価から中古ワンルームマンションの価格も下がりにくく、購入した価格と同水準で売却できることが決して珍しくありません。購入価格と同じ水準の価格で売却できるということは、売却損が生じるリスクも低いということです。

出口戦略をそれほど気にせずに、運用中のキャッシュフローをコツコツ積み上げていくインカムゲイン中心の投資を可能とする点が、中古ワンルームマンションのメリットです。ただし、この安定した家賃というのは、東京や横浜などの一等立地の話であり、築20年以降であったとしても、家賃下落の止まらないエリアは増大していくと思われます。

今後、日本全国で二極化はさらに広がり、そういった意味でも、慎重にこの投資すべき立地を選択していきたいところです。

④25㎡規制によって、それ以下の面積には希少価値がある

「25㎡規制」とは、首都圏を中心とした自治体のほとんどが新築ワンルームマンションを対象に設けている面積規制を指します。ワンルームマンション入居者が起こすゴミ出しなどの生活マナーの悪さが一時期問題となり、これを契機に、ワンルームマンションの供給を規制しようという動きが首都圏一帯に広がりました。

現在、都区内で20㎡の新築ワンルームマンションが建築できるのは、豊島区と品川区だけ（豊島区は1戸当たり50万円のワンルーム課税が開発業者に課せられる）。ほかはすべて25㎡以上に規制され、なかでも渋谷区は、28㎡以上と規制が最も厳しくなっています。今後、供給される新築ワンルームマンションは、こうした規制に沿ってワンルー

3-1　渋谷区ワンルームマンション条例

対象となる建築物

□地階を除く階数が 3 以上または居室を有する階数が 3 以上のもの
□専用面積が 33 ㎡未満の住戸の数が 15 以上のもの
(「専用面積」の算出は、壁芯を基準に行うものとし、ベランダ、バルコニー、パイプスペース、メーターボックス等の面積は含めないものとします。)
□専用面積 33 ㎡未満の住戸の数が総戸数の 3 分の 1 以上のもの

建築に関する基準

【住戸の専用面積の確保】
住戸の専用面積を共同住宅は「28 ㎡以上」、寄宿舎等は「15 ㎡以上」としてください。

ムとしては大型化していくことが必至と考えられています。

これに対して、かつて建築された中古ワンルームマンションの中心面積帯は15～20㎡であり、最近の新築マンションより小ぶりな面積の住戸が市場で流通しています。面積が大きくなれば、当然、賃料は高く、借りられる人も限られます。大型ワンルームは居住性には優れるかもしれないものの、同じような駅前の好立地物件なら、面積を犠牲にしても、より賃料の安い物件を選ぶワンルームマンション入居者が少なくないのが、現在の賃貸住宅市場です。

とくに都心の単身者のライフスタイル

は、面積よりも立地条件を優先する傾向が強く、駅から徒歩15分の住まいより、多少面積が小さくても駅から徒歩圏の住まいを選ぶ入居者のほうが圧倒的に多いでしょう。

図3―1のようなワンルームマンション条例により、たとえば渋谷区の場合、今後28㎡未満のワンルームを建築するには、小ぶりなアパートやマンションに限られてしまいます。土地値の高い一等地に対して小規模な物件では、収益性がかなり悪化してしまいます。よってこのような規制により小ぶりなワンルームマンションは、今後も供給される数に限りがあり、需要と供給のバランスを考えれば、狭めの築古ワンルームマンションは希少価値があると考えます。

ついでに、弊社で管理している渋谷駅から徒歩5分、わずか11㎡の中古ワンルームマンションは、家賃が7万円も取れているのです。11㎡ということは約6・8畳！　その中にバス・トイレ・キッチン等も含まれているから驚きですが、場所が良ければビジネスホテル代わりとして借りてくれるケースもあり、そんな極狭物件でも、賃貸需要は根強く安定稼働しており、結果、そのような収益物件の価格は下落する懸念も小さいと思われます。

2 中古ワンルーム投資のデメリット

①オーナーチェンジ物件の場合は室内確認ができない

入居者が居住中の物件を、居住中のまま、新しいオーナーに売却することを「オーナーチェンジ」といいます。中古ワンルームマンションでは、このオーナーチェンジ物件が過半数以上を占めます。入居者が居住中のため、すぐに家賃収入を得られることが、購入者にとってのオーナーチェンジ物件のメリットですが、逆に、入居者が現に住んでいるため、購入時に前もって室内確認することが困難なケースが一般的になっています。

このため、購入時に住んでいた入居者が退去した後に初めて室内確認をすると、室内の汚れや設備機器類の故障・破損などがとくにひどい場合が稀にあります。こうした物件では、キッチンやトイレ、浴室といった水廻り設備を含めた高額リフォームをしないと、次の入居者が決まらないため、予想外の出費を強いられることになります。もちろん売主さんには過去の修繕履歴を確認して、今後かかるであろうコストを予測することもできますが、意外に売主さんも買ってから数年しか経過しておらず、これまで一度も室内を見ておらず、過去のリフォーム実績がわからないということもよくあるのです。

オーナーチェンジ物件というのは、買ったその日から家賃が発生するという安心感はありますが、その分の修繕リスクも隣り合わせであるということをわかっておきたいですね。あとは、現入居者の居住年数が10年を超えるなど、長ければそれなりの修繕コストは覚悟しておいたほうが良いと思います。

②新築よりも滞納リスクが高い

新築に比べると、中古ワンルームマンションのほうが家賃滞納の発生割合が比較的高いでしょう。家賃の高い新築ワンルームマンションよりも、相対的に収入の低い入居者が多い中古ワンルームマンションの入居者属性が影響していると考えられます。ただ、滞納リスクについては、入居者審査の厳格化や家賃督促などの適正な入居者管理をはじめ、滞納保証サービスを利用することによって、ある程度までコントロールすることが可能です。そんななか、気を付けたいのは、管理会社や保証会社の滞納保証について、一般的に入居者が滞納をしだしてから、半年間の期間限定保証というケースが多く見受けられることです。要はそれだと長期滞納者への保証が半年でなくなることになり、それ以降は多額の自己負担が発生してしまいます。

また、その保証について事前に確認しておきたいのが、夜逃げなどによる動産の撤去費用負担についてです。もし仮に、ワンルームマンションでベッドや家財等一式を撤去しようと思えば、総額で20万円くらいの費用がかかってきます。融資を利用して物件を購入したケースであれば、年間のキャッシュフローはそこまで多くありませんから、その費用を回収するのに数年かかることも十分考えられるのです。

こういった費用負担については、買う前に想定することは難しく、実際に起こってから気付くケースがほとんどだと思います。賃貸管理料の中に、滞納保証や動産撤去費用が含まれているのかどうか、事前に管理内容の確認を行っておいたほうが良いでしょう。

管理手数料が安ければ一見魅力的に見えるかもしれませんが、それだけ補償内容も少なくオーナーリスクは上がるということです。

ついでに私がオーナーチェンジで購入した横浜の中古マンションも、実際に家賃の滞納がありました。幸い弊社の滞納保証サービスが無期限であり、動産撤去費用も管理料に含まれていたことから、大きな問題にはなりませんでしたが、もしこれらの保証がなければ、100万円以上の費用負担をするところだったのです。

あとこれまでの経験上、滞納者の室内というのは、想像以上に荒らされていることが多く、通常のリフォーム費用よりも幾分高額になると思っていただいたほうが良いでしょう。

③新築よりもローン金利は0・5%～1%高い

販売会社の提携する金融機関によって、2%程度の金利で借りられる新築ワンルームマンションより、中古ワンルームマンションのローン金利は0・5%～1%ほど高い2・5%から3%台を求められるのが一般的です。融資期間も新築の35年に比べて短く、ほとんどの金融機関で、最長でも30年までのローンまでしか組むことができません。

融資条件だけをみると、明らかに中古よりも新築に軍配が上がります。ただし、融資期間が長いということは、毎月の手残りが多くても、ローン元金の減るスピードが遅くなり、その分将来の投資リスクが高いといえます。とくに年配の方でこれから不動産投資を始めようという場合は、レバレッジを効かせることだけにとらわれず、場合によっては短期間で融資を組み、サラリーマン退職時にローン完済しているような組み立て方をご提案するときもあります。

たとえば1000万円のワンルームマンションを金利3％、融資期間30年であれば、10年後のローン残債は約760万円ですが、融資期間がその半分の15年であれば、10年後のローン残債は約380万円と、それだけ将来のリスクが低くなるわけです。「レバレッジ」といって効率を求めるのも良いですが、先々のことも考え、今と将来の自分にとって、どういった選択が一番なのかを冷静に検討することも大切です。

④管理状態に注意が必要

中古ワンルームマンションの場合、とくに建物の管理状態についてはチェックが必要です。弊社が扱う物件でも、投資分析を終了し、ローンの調達も問題なく、投資家への紹介前にいざ物件を見に行くと、あまりの管理状態の悪さに、紹介を断念せざるを得ないケースがまれにあります。

エントランスやエレベーターホール、集合ポストといった建物の〝顔〟の管理状態は、入居者募集に確実に影響を及ぼしますし、共用設備や外壁、屋上、鉄部などの劣化は、将来の多大な修繕費用の負担につながります。目には見えない修繕積立金のチェックも必ず行う必要があります。積立金が圧倒的に不足していたり、管理費を含めた積立金の滞納者が多い中古ワンルームマンションだと、必要な修繕がままならず、将来の資産価値の低下は火を見るより明らかです。

⑤大規模修繕コストの負担

一般的に、ＲＣ（鉄筋コンクリート）造のマンションでは、建物のライフサイクルに沿って、計画的に修繕を実施するための工程表である長期修繕計画を作成します。それによると、建物竣工から５～10年目に行う塗装工事などを経て、11～15年目に防水や外壁修繕を中心とした１回目の大規模修繕工事が発生。さらに25年目前後には外壁や屋根といった建物関係の修繕に加えて、老朽化した設備を改修・更新する２回目の大規模修繕工事を行わなければなりません。

公益財団法人日本賃貸住宅管理協会によると、こうした修繕工事にかかる負担は、広さ21㎡の１Ｋ（ワンルーム）マンションの場合で、30年間で約１６０万円にのぼるという試算もあります。仮に、物件が生み出すキャッシュフローが少ないと、この１６０万円の負担は過大に過ぎ、最終的な投資結果の大きな圧迫要因になります。

したがって、前項の「管理状態に注意が必要」でも述べたように、長期修繕計画に沿った積立金があるかどうかのチェックは欠かせません。

3 中古ワンルームの投資事例

では、実際に売りに出ていた物件の事例をもとに、中古ワンルームマンションの投資事例を検証しましょう。中古ワンルームマンション投資といっても、築年数や立地、規模など物件属性はさまざまだし、どういったローンを調達したかによっても投資の成果に大きな違いが出てきます。ここでは、築年数による違いに注目します。

①築10年の中古ワンルーム投資

まず、中古ワンルームマンションとしては築浅の部類に属する築10年の投資事例をみます（**図3―2**）。

山手線某駅から徒歩5分、都内の好立地に位置する物件です。間取りは一般的な1Kの広さで20㎡、賃料は8・5万円で入居中です。購入価格は1800万円。立地は申し

3-2 東京都立地の物件A

- 山手線某駅から徒歩 5 分
- 築 10 年
- 専有面積 20 ㎡の 1K

・月額賃料	85,000 円
・管理費・修繕積立金	10,000 円 / 月
・固定資産税	50,000 円
・管理手数料	50,000 円 / 年 （年間家賃収入の 5%）

分ないですが、この物件が投資としてどうなのかということを検証してみます。

投資物件Aの購入者は、1800万円の物件価格に、諸費用100万円を合計した1900万円の購入費用を、自己資金300万円と、銀行ローンで調達した1600万円で賄いました。ローンの金利は2%、期間は30年。すると、年間返済額は71万円になります。月額家賃は8・5万円だから年間収入は102万円。ここから空室率5%で算出した空室損5万円を差し引いた97万円が実効総収入であり、さらに運営費22万円と、ローン返済額71万円を差し引くと、手残りのキャッシュフローはプラス4万円という

3-3　**東京の築10年中古ワンルームマンション**

	年間家賃収入	102 万円
▲	空室率 5%	5 万円
	実効総収入	97 万円
▲	運営費	22 万円
	営業純利益	75 万円
▲	年間返済額	71 万円
	税引き前キャッシュフロー	4 万円

FCR3.9%
CCR1.3%

投資になります（運営費の内訳は、管理費・修繕積立金12万円／年、固定資産税５万円／年、管理手数料５万円／年）（**図3―3**）。

　これで物件の収支がわかりました。年間家賃１０２万円から空室リスクと運営費、ローン返済額を引くと年間のキャッシュフローが４万円となるわけです。なんとか毎月のローン返済も家賃収入の中から返していけそうです。あとは、その投資の効率と安全率をみます。もちろんこれも立派な投資ですから、投入した自己資金がどのくらいの利回りで回っているのか、そしてこの投資のリスクであるローン返済をしていくだけの余力がどれくらいあるのかを検証する必要があるのです。

投入した自己資金300万円に対して年間のキャッシュフローは4万円、300万円に対して4万円の利益を得ているわけですから、

4万円÷300万円×100＝1・3％（CCR）

これが投資した自己資金300万円の利回りということです。投資家として、300万円の自己資金を運用した結果が1・3％の投資利回りでは、物足りなさを感じることと思います。投資はリスクとリターンの関係であり、30年の長期融資、言えばリスクを背負った結果として年間4万円のリターンでは釣り合わないと私なら考えます。

また、投資の安全性であるローン返済余力については、

営業純利益（NOI）75万万円÷年間返済額（ADS）71万円＝1・05（DCR）

金利の上昇や空室の増加、また家賃の下落などにより、ローン支払いが困難になる可能性が極めて高いのです。以上このような分析から、投資利回りが低く、また投資の安全率も低いため、もしこの物件の購入を検討するのであれば、価格の交渉が必要だと判

断します。

次に、新築ワンルームマンションの投資シミュレーションと同じように、この投資物件Aを購入から10年後に売却した場合を考えてみます（**図3―4**）。

中古ワンルームマンションといっても、築10年程度だと家賃はまだ安定期に入る前なので、新築ワンルームマンションと同様に年間1％ずつの下落があると想定します。そして、このA物件が表面利回り8％で売却できたと仮定します。すると、家賃は年間1％ずつ下がることから、10年後の売却直前の家賃収入は、91万8000円。これを利回り8％で割って算出した売却価格は、1140万円です。つまり、築10年の中古ワンルームマンションAを1800万円で購入した場合、10年後の売却価格は1140万円、その差額660万円分の価値が下がったことになるのです。

売却価格1140万円から10年後のローン残債と、売却諸経費4％を差し引いた残りが売却手残りとなり、

売却価格1140万円－残債1170万円－経費45万円＝▲75万円

です。これに10年間保有していた期間の利益を加えると、

3-4　購入から10年後に売却

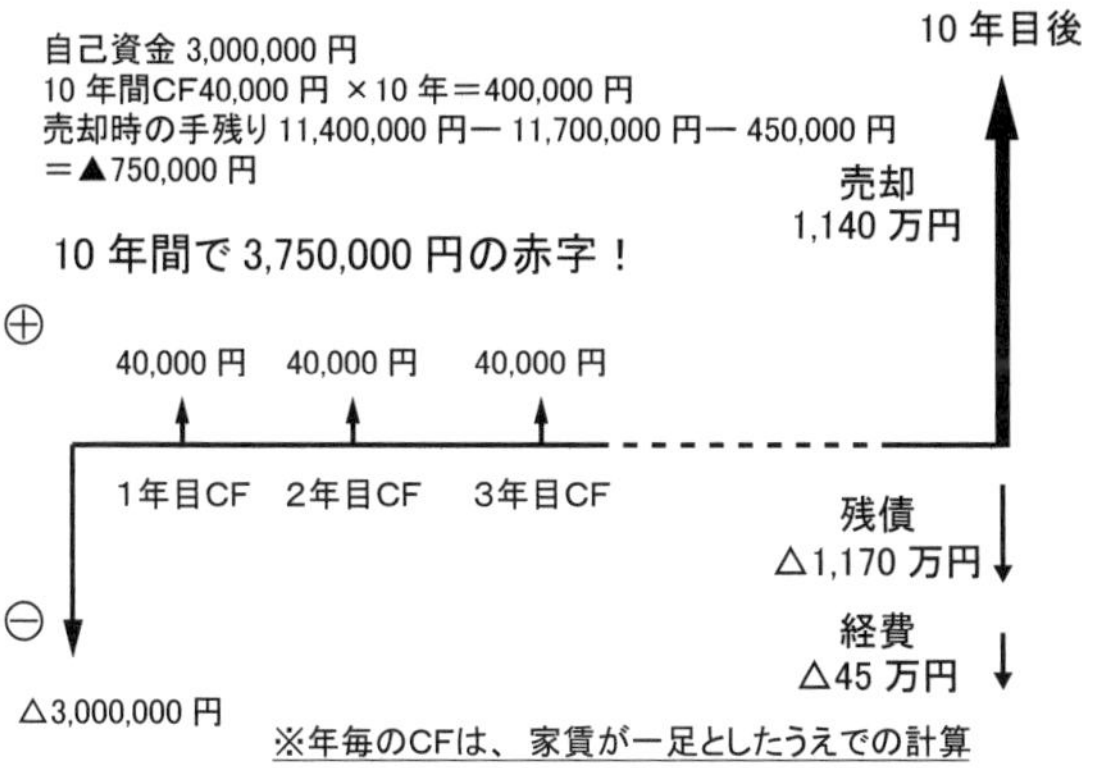

年間のキャッシュフロー4万円×10年＝40万円（ここでは、運用中の家賃下落はないものと仮定）

この投資家さんは、物件運用によってトータル40万円のインカムゲインと、物件売却よる損益75万円の差引35万円。一方で、物件Aの購入時点で自己資金300万円を投入しているので、この投資全体の収支が確定します。その結果は、

－75万円－300万円＝▲375万円

物件Aを10年間にわたって運用し、売却した結果はトータル375万円のマイナス（損失）になってしまうのです。

中古ワンルームマンションといっても、築10年ではまだ家賃の下落リスクが残るため、結果的に売却価格も低く見積もらざるを得ません。新築マンションを10年後に売却する場合ほど大きな損失は生じないものの、やはりトータルではマイナスの投資になってしまう懸念が多いのです。購入時の初期分析で価格の交渉が必要だと言いましたが、もし売却時に大幅に価格の上がる（キャピタルゲイン）可能性があれば、仮に１８００万円で買ったとしても、結果儲かる投資になることもあるのです。なので、このようにして出口（売却）も見据え、分析しながら投資物件の選別をすることが重要だということです。

なお今回、築10年で１８００万円の価格がついた物件Aを投資分析すると、ＦＣＲ（ネット利回り）は３・９％（営業純利益75万円÷購入費用全額１９００万円）、表面利回りでも５・６％と、築浅物件とはいえ低めの利回りでした。もし、この物件の売主が転売目的の不動産業者であれば、自社の利益を乗せて市場で販売することになり、２００万円程度の利益を乗せていると考えられます。仲介手数料がかからず、瑕疵担保責任が２年付くなどのメリットもありますが、やはりこういう物件に手を出すのはかなりのリスクが伴います。すべての物件が、今回のような事例に該当するとは言いませんが、売主が不動産業者であるということには、くれぐれも気をつけたいところです。

②築27年の中古ワンルームマンション投資

次は、築27年が経過した中古ワンルームマンションの投資事例です。

人気の東急田園都市線某駅から徒歩6分、17㎡の1K、賃料は6万2500円。購入費用は物件価格900万円に諸費用90万円を加えた990万円。物件価格の約2割に当たる190万円の自己資金を投入し、残り800万円を銀行から調達しました。ローンは金利2・7％、期間30年であり、年間返済額は39万円です（**図3―5**）。

物件Bのキャッシュフローは、**図3―6**のとおりです。

月額賃料が6万2500円だから、年間の家賃収入は75万円。そこから空室損4万円と運営費20万円、さらにローン返済額の39万円を差し引いた残りの税引き前キャッシュフローは、プラス12万円です。

利回りを計算すると、表面は8・3％（75万円÷900万円）ですが、実質の利回りであるFCR（ネット利回り＝営業純収益51万円÷購入費総額990万円）は5・1％。投資家さんがこの物件Bに投入した自己資金190万円の利回りCCR（キャッシュフ

3-5　東京23区の物件B

・東急田園都市線某駅から徒歩 6 分
・築 27 年
・専有面積 17 ㎡の 1K

・月額賃料	62,500 円
・管理費・修繕積立金	10,000 円 / 月
・固定資産税	35,000 円
・管理手数料	40,000 円 / 年（実効総収入の 5%）

3-6　築27年の中古ワンルームマンションBのキャッシュフロー

	年間家賃収入	750,000 円
▲	空室率 5%	40,000 円
	実効総収入	710,000 円
▲	運営費	200,000 円
	営業純利益	510,000 円
▲	年間返済額	390,000 円
	税引前キャッシュフロー	120,000 円

3-7　東京の築27年中古ワンルームマンション

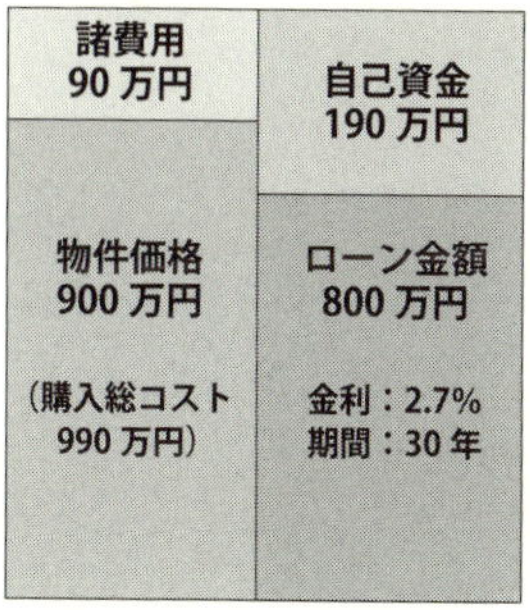

年間家賃収入	75万円
▲　空室率5%	4万円
実効総収入	71万円
▲　運営費	20万円
営業純利益	51万円
▲　年間返済額	39万円
税引き前キャッシュフロー	12万円

FCR5.1%
CCR6.3%

ロー12万円÷自己資金190万円）は6・3%です。また、投資の安全性として、DCR（営業純利益51万÷年間返済額39万円）は1・3。返済余力もクリアしています（**図3―7**）。

　そんななか、投資家さんから「900万円の物件を買って年間12万円しかキャッシュフローが残らないの？」という指摘を受けることがあります。確かに今のワンルーム投資、融資環境としては、月1万円ほどの手残りしかありません。しかしながら、ローンの返済というのは元金と利息に分かれており、今回の場合、年間のローン返済額39万円のうち元金が18万円、利息が21万円となっています。

利息はもちろん銀行の取り分でありますが、元金というのは投資家のストック、資産になるのです。よって年間のキャッシュフローというのは12万円ではなく、元金18万円を含めた30万円ということになるのです。最初からこの考え方を理解できる人は少ないかもしれませんが、確定申告をしたときにローン返済額の利息分は経費に計上できますが、元金というのは経費扱いになりません。どうしてかというと、先ほど説明したとおり投資家の資産という扱いになるからです。そこで皆さんの疑問「じゃ、その資産というのはいつ現金として手元に残るの？」はい、これは売却したときに返ってくるのです。

では、この物件Bの10年後の売却をシミュレーションしてみます（**図3―8**）。前述したように、築20年を超す築古のワンルームマンションは、購入時点ですでに家賃が十分落ち切っているので、都内の好立地物件であれば、よほど市況や物件の管理状態が悪くない限り、10年経っても購入時とそれほど変わらない家賃で、入居者を募集することができるでしょう。

よって10年後の売却価格が９００万円（今のように情勢が良ければそれ以上の価格上昇も見込めると思います）。銀行から調達した８００万円のローンの10年後の残債は、６００万円。物件Ａと同じように売却時の諸経費が４％（約35万円）かかるとすると、

3-8 **物件B・10年後に売却**

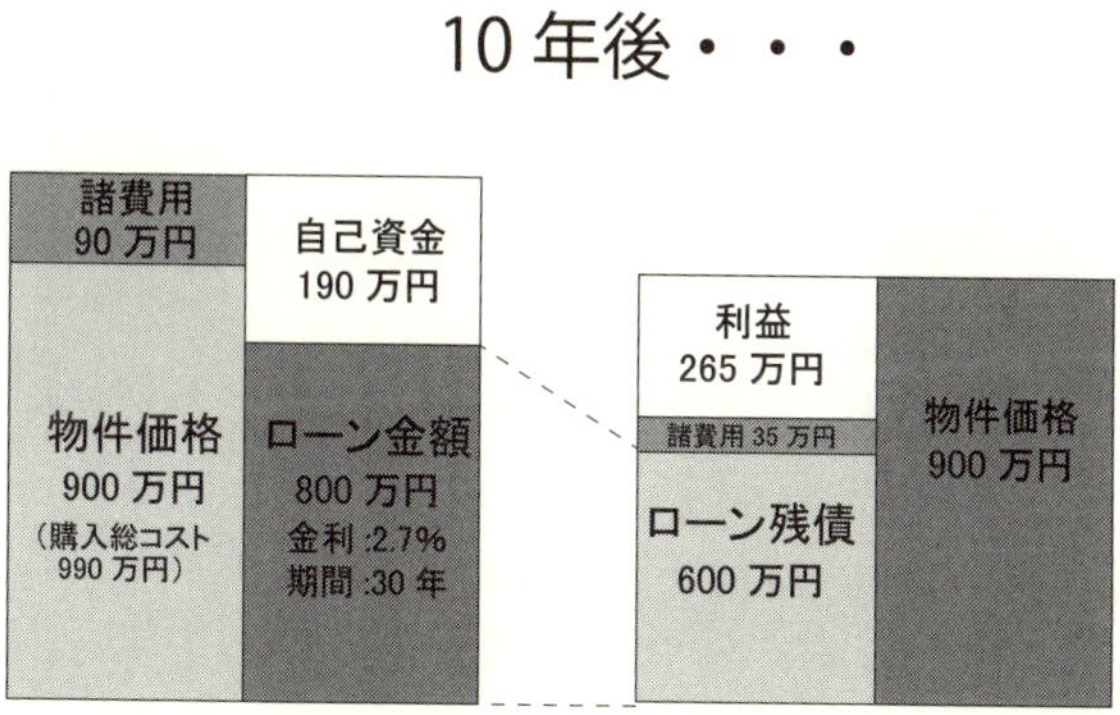

10年後の売却によって得られる利益は、次のとおりです。

売却価格900万円－ローン残債600万円－諸経費35万円＝265万円

これに10年間の運用によって生まれたキャッシュフローの合計12万円×10年＝120万円（運用中の家賃下落はないものと仮定）を加えると385万円。ここから購入時に投入した自己資金190万円を差し引いて計算した物件Bの最終的な投資結果は、195万円のプラスになります（※譲渡税は計算に含まれていま

3-9　**物件Bの投資結果**

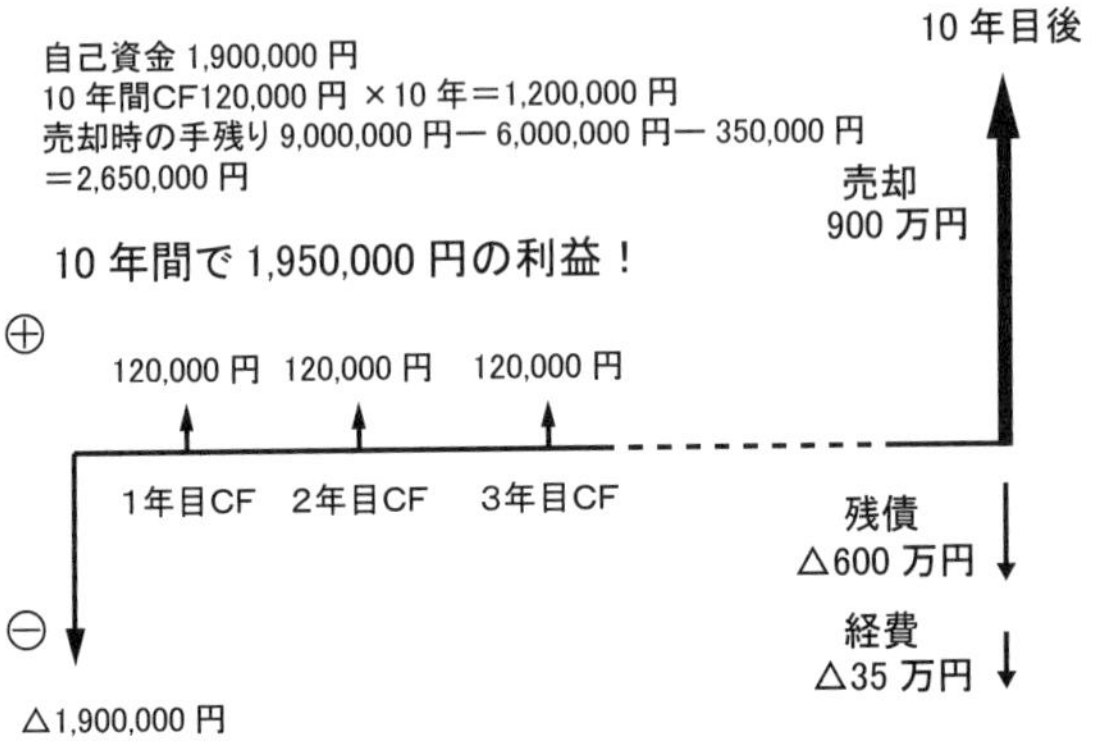

せん）（図3―9）。

よって、毎月コツコツと支払っていたローン返済額のうち元金分というのは、売却したときに手残りとして返ってくるということなのです。もちろんこれは、あくまでも購入価格と売却価格が同じであるからこその話であり、過去のリーマンショックや震災のように情勢が悪くなり売却時の価格が下がれば、その分支払った元金という資産、ストックは食いつぶされるということになりますので、話はまた変わってきます。ただし、情勢が悪ければあえてそこで売却して利益を確定する必要もなく、そのまま保有し続ければいいだけなのです。

そこでひとつだけ問題があるとすれば、不動産市場の低迷期に持ちこたえられないような物件は大変だということです。最近、ニュースや新聞で「自己破産する家主が増加」など、取り扱われることが多くなりましたが、運用がうまく行っておらず毎月赤字経営で、そんなとき、情勢が悪くなり売りたくても売れない、売却価格がローン残債を下回るような投資だと、かなり危険になります。もし仮に売却して売り抜けられたとしても、そのような市況だと大幅な値下がりは覚悟しないといけません。それこそ結果として大損になるケースも出てくるでしょう。とにかく今の情勢では、安定運用できるような物件、立地を選ぶべきであり、キャピタル重視の投資というのは、将来のリスクが伴うことでしょう。先ほどもご説明したとおり、キャップレートの維持できるまたは下がると期待されるエリアの選択というものをくれぐれも忘れずに投資検討するようにしてください。

では話は戻りますが、築10年の築浅ワンルームマンションでは、10年後に売却して投資を終了させた最終的な損益はマイナスでしたが、価格が1000万円くらいの中古ワンルームマンションでは、このように最終的な損益がプラスになるケースが多くあります。ローン返済額が少額に抑えられるために、運用中は安定的にキャッシュフローを生み出すことができ、さらに、家賃がすでに落ち切っているので、売却時には購入時とそれほど変わらない価格で売却できる安定した出口が、こうした投資結果をもたらすのです。

もちろん、築古の中古ワンルームマンションだったら、何でも構わないというわけではありません。先ほど触れたように、管理状態が悪ければ家賃や売却価格の下落は避けられないし、最寄駅から徒歩15分とか20分といった立地環境の悪い中古ワンルームマンションも、市場競争力の低下によって家賃と価格が下落していきます。

また、中古ワンルームマンションのデメリットでも述べたように、築古物件ではとくに想定外のリフォーム費用が発生する場合があることも、念頭に置かなければなりません。先ほどお話しした私が保有している横浜の中古マンションでは、滞納者の退去後のリフォームに2DKの広さで80万円かかったこともありました。面積が小さいワンルームマンションでは、そこまでの費用負担になることはまだ少ないと考えられますが、築古物件ならではの修繕リスクというものも実際にはありますので、注意が必要です。

第4章

ワンルーム投資か
アパート投資か

1 新築ワンルーム投資と新築アパート投資の違い

不動産投資の主なカテゴリー（アセットクラス）の一つに、一棟アパートがあります。立地はワンルームマンションにかなわないものの、投資規模が大きく、スピード感を持った資産形成をすることが可能です。ここでは新築ワンルームマンションに対して、同じ新築でも一棟アパート投資を検証してみます。

4-1-1　新築アパート投資のメリット

①融資条件が良い

新築ワンルームマンションと同じように、中古ワンルームマンションなどと比べて、銀行の融資条件が良いのが特長です。現在は2％を切る金利水準を提示する銀行もあるほか、融資期間も30年や、銀行によっては、35年ローンにも応じてくれるケースがあります。

また最近では、物件価格に対して95％融資や、投資家の属性によっては、物件価格の100％融資（フルローン）も可能となっています。同じ金利でも、融資期間が長ければ年間返済額が少なくなるために、キャッシュフローを悪化させる懸念も少なくなることで、レバレッジを効かせやすくなり、結果投資効率はワンルーム投資と比較してもかなり良くなることでしょう。なるべく早く規模を拡大させたい投資家さんであれば、まずは一棟アパートを検討したほうが、目標の近道にはなります。

②耐用年数が長い

これも新築ワンルームマンションと同じです。木造アパートの場合、減価償却をするための基準である法定耐用年数は22年になっているので、たとえば1億円の新築アパートで、土地6：建物4の割合であれば、建物価格4000万円に対して耐用年数22年で割り戻すと、年間約180万円の減価償却費を22年間、安定しつつ経費として計上することが可能です。後述しますが、これがもし耐用年数を超えた築古の一棟アパートであれば、当初4年しか経費計上することができず、それ以降の課税所得は、大幅に上昇することが考えられます。

③大きな修繕コストがかかりにくい

これも新築ならではのメリット。何らかの突発的な事態が発生しなければ、完成から向こう10年間程度は、大きな修繕コストを負担しなければならない懸念は小さくなります。とくに新築に対しては、施工会社の10年保証が義務づけられていますので、雨漏りや木部の腐食など、建物主要構造部に対しては10年間の保証があります。本来中古であれば、瑕疵担保責任という隠れた傷に対しては2ヶ月から3ヶ月の保証、また売主が不動産業者の場合には、2年間の保証しか付きませんが、新築の場合、その施工会社が保証期間内に倒産した場合にも、別の保証機関の保険に加入する義務がありますので、そのような倒産リスクにも対応しているのです。

一棟アパート規模の投資ですから、特に最初は安定運営させることが大前提だと思います。中古アパートや中古の一棟マンションだと、購入後間もなく大規模修繕が必要であったり、入居者退去後のリフォーム費用が想定以上にかかるようなケースもあります。そういう意味でも新築アパートの安心感というものは大きく、安定したキャッシュフローが残れば、そのお金を頭金にして再投資を進めていくことも可能ですから、大規模な修繕コストがかかりにくいというのは大きなメリットの一つだと思います。

4-1-2 新築アパート投資のデメリット

①賃料下落リスクがある（購入価格＞売却価格）

新築ワンルームマンションと同じように、新築時の家賃で入居者が決まるのは一般的に2～3年程度でしょう。それ以降は、入居者が代わるたびに家賃の値下げを余儀なくされることが必至です。不動産価格は、家賃収入を元に収益還元価格で決まるので、将来何らかの理由でアパートを売却しなければならなくなったときは、そのときの情勢によるものの購入価格を下回る価格でしか売れない可能性も考えられるでしょう。そのときポイントとなるのは、毎月のキャッシュフローです。安定的にキャッシュフローが残るようであれば、多少売却価格が下がったとしても、それによってカバーをすることができますが、毎月のキャッシュフローが安定していなければ、結果、投資として成り立たないケースも考えられます。

②空室からスタートする

新築ワンルームマンションは1戸の入居者を決めれば良いが、新築アパートは総戸数6戸なら6人、10戸なら10人の入居者を最初に決めなければならないのが、ひとつのハードルです。運用スタート時に感じる気持ち的ストレスは、ワンルームマンションよりも大きくなります。1~3月の繁忙期といわれる時期ならまだしも、夏場の閑散期に完成したアパートについては、満室まで多少時間がかかることもあります。銀行のローン支払いは、購入後1ケ月から1ケ月半後くらいにスタートとなりますので、当初は持ち出しになることも考えておいたほうが良いかもしれません。

ただし、戸数が多いことのメリットはあります。新築でも中古でも、ワンルームマンションは、入居者が退出して次の入居者が決まるまでは空室が100%。つまり100かゼロかの投資にしかなりません。これに対して、10戸のアパートで1戸に空室が出ても空室率は10%。複数の住戸を運用するために、空室リスクを軽減することができます。

③更地の場合は建物をイメージしにくい

建築の専門家や不動産投資によほど精通している投資家を除けば、建築前に建物完成後をイメージするのは困難な場合が一般的です。建物がイメージできないと、いくら投資分析の結果が良くても、投資の決断が及び腰になる方もいらっしゃるでしょう。現在、私が投資家に紹介している新築アパートのうち、9割以上が水面化情報で、まだ表に出る前の物件ということもあり、ほとんどが更地や古家付きの土地になります。よって、現地案内をしても見てもらえるものは周辺環境ぐらいしかないわけで、さすがに完成後までのイメージはしにくいと思います。

そういったときのために、弊社のミニフィールドワークセミナーへの参加をお勧めします。週末に一棟コースとワンルームコースを開催しており、実際に現地を見に行くセミナーとなっています。机上で勉強するには限界がありますので、やはり答えは現場にあるということで、そのとき売りに出ている物件をご案内しています。販売図面を見ただけではわからない建物の注意点など、購入するうえで気をつけたいポイントをお伝えしています。新築アパートの室内を内見してイメージを持っていただくこともできますので、ぜひ一度参加してみてはいかがでしょうか。

また、こういった新築アパートの場合の更地にもメリットもあって、ある程度の間取り変更や外壁、設備の色決めなどが可能です。購入してゴールではなく、そこからがスタートですので、少しでも客付けしやすいような間取りを考えることが、今後の運営に大きな影響を及ぼすことになります。なお、土地購入から始める新築アパート投資については後述しますので、そちらを参照してください。

4─1─3　新築アパートの投資事例

では、新築アパート投資の事例を検証しましょう。私が実際、投資家に紹介した横浜市の新築アパート物件Cです。月額家賃は約6万円で総戸数8戸。表面利回りは7・2%で、購入価格は8000万円の投資物件です（**図4─1**）。

この新築アパートCの購入総費用は、8000万円に諸費用700万円を加えた8700万円。購入した投資家は、銀行から物件価格100%、フルローンにて8000万円のローン調達に成功し、残り700万円は、自己資金を投入しました。ローンの金利は1・8%で、期間30年、年間返済額は345万円です。

月額家賃約6万円で、年間家賃収入は576万円。ここから空室損である28万円をあ

4-1　横浜市の新築アパートC

- 京急線某駅から徒歩 5 分
- 新築
- 木造 2 階建てアパート
- 1 戸当たり 22 ㎡ ×8 戸
- 表面利回り 7.2%

4-2　新築アパートCのキャッシュフロー

	年間家賃収入	5,760,000 円
▲	空室率 5%	288,000 円
	実効総収入	5,472,000 円
▲	運営費	864,000 円
	営業純利益	4,610,000 円
▲	年間返済額	3,450,000 円
	税引前キャッシュフロー	1,160,000 円

4-3　**横浜の新築アパート**

諸費用 700 万円	自己資金 700 万円
物件価格 8,000 万円 （購入総コスト 8,700 万円）	ローン金額 8,000 万円 金利：1.8% 期間：30 年

年間家賃収入	576 万円
▲　空室率 5%	29 万円
実効総収入	547 万円
▲　運営費	86 万円
営業純利益	461 万円
▲　年間返済額	345 万円
税引き前キャッシュフロー	116 万円

FCR 5.3%
CCR16.5%

らかじめ差し引いた実効総収入は、５４７万円です。総戸数８戸のアパート規模だと、固定資産税などを含めた運営費は86万円。さらにローン返済額３４５万円を引いた後に投資家の手元に残るキャッシュフローは、プラス１１６万円です（**図４―２**）。

　これを投資分析すると、表面利回り７・２％に対して、実質的な利回りであるＦＣＲは、５・３％（営業純収益４６１万円÷購入総費用８７００万円）。自己資金の利回りであるＣＣＲは、16・５％（税引き前キャッシュフロー１１６万円÷自己資金７００万円）。

ローンを利用することによってレバレッ

4-4　10年後は黒字に

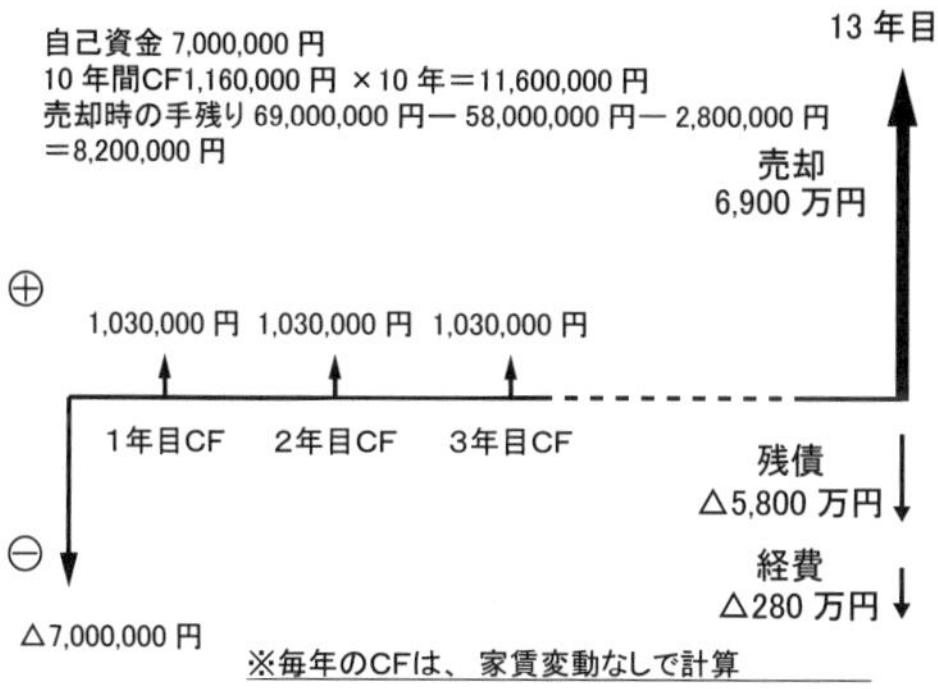

ジが働き、現金購入時と比較して自己資金の利回りは3倍近くに上昇したことがわかります（**図4―3**）。

さて、これまでの事例と同じように、この新築アパートCを購入から10年後に売却する場合をシミュレーションしてみます。年間1％ずつ家賃が値下がりしたとすると、売却直前の家賃収入は518万円です。1戸当たり約6万円だった家賃が、5万4000円に下がることになります。

この物件が表面利回り7・5％で売却できたとすれば、売却価格は6900万円。8000万円で購入した新築アパートは、そのときの情勢によるものの10年後には約15％下がった価格ということになります。

それでもこの新築アパート投資を10年後に売却した場合の収支は、大きな黒字になります。売却価格6900万円に対して、10年後の残債5800万円を引き、売却諸経費に4％の約280万円の支出をみても、売却による収益は820万円のプラス（※譲渡税は計算に含まれていません）。

さらに、10年間の運用中のキャッシュフローの合計が1160万円（116万円×10年。ここでは家賃下落はないと仮定）だから、この1160万円を加えて、購入時に投じた自己資金700万円を差し引くと、最終的な収支である1280万円の黒字という結果が出てきます（**図4－4**）。

新築ワンルームマンションに比べて投資額もそれなりに大きくなりますが、10年後には赤字で終わる新築ワンルームマンションとは違って、約1280万円の儲けを手にすることができます。「新築は売却時に価格が下がるから投資として合わないのでは？」という質問も受けますが、前記のように運用期間中のキャッシュフローが見込めるのであれば、価格が下がったとしても、利益を確保できるケースはあるということです。

4-1-4　新築ワンルーム投資との違い

以上の投資事例を元に、新築ワンルームマンション投資と新築アパート投資の違いをまとめてみました。

①新築ワンルームマンション投資は利回りが低い

これは、新築ワンルームマンション投資に少しでも関心を持たれた方なら、実感していることでしょう。

先に見た販売価格2500万円、年間家賃収入120万円の新築ワンルームマンションは、表面利回りでも4・8％。空室率を0％と仮定して、固定資産税など運営費だけを控除した営業純収益を購入総コスト2580万円で割った実質利回りFCRは、3・9％にしかなりません。

さらに、ネット収入が少ないところに、ローン返済が重荷になって税引き前のキャッシュフローは10万円の赤字だったから、そもそも自己資金の利回りCCRは算出さえできません。自己資金が10％台で回る新築アパートCとは、比べものにならないほど投資効率が悪いことがおわかりいただけたでしょうか。

②新築アパート投資は利益を確保しやすい

新築アパートCを10年後に売却すると、最終的に1280万円の儲けが出ることがわかりました。家賃の下落によって売却価格は落ち込むものの、運営中のキャッシュフローが安定しているため、売却価格の下落を補い、さらに利益を残すことができるのです。もちろん10年間で入居者の入れ替えがありますから、室内修繕コストは発生しますが、入居者の使い勝手がよほど悪くはない限り、多額のコストが発生する可能性は低いと思われます。

これに対して、新築ワンルームマンションを10年後に売却する先のシミュレーションでは、600万円近くの赤字でした。新築アパートと同じように売却価格の下落が避けられないことに加え、新築アパートでは価格下落をカバーした運営中のキャッシュフローも新築ワンルームマンションの場合はマイナスになってしまうので、損失がさらに膨らむということです。

不動産投資では、運営中のキャッシュフローがプラスで安定している物件は、投資採算が取りやすい。「月1万円の持ち出し」を前提に、投資を組み立てる新築ワンルームマンションは、最初の時点から投資の組み立てを誤っているといっても大袈裟ではないと考えます。なかには、私の投資家でも短期間での完済を目標にしているために、あえて融資を10年ほどで組み、運営中は毎月数万円の持ち出しですが、定年後にはローンの支払いを終えていたいという希望で、定年後のリスクを限りなく低くしたいがための組み立てをするケースはあります。このように投資の目標が明確であえて持ち出しにしているケースと、投資の組み立てを誤っているケースとでは、天と地ほどの違いがあります。

③戸当たり価格が大きく異なる

新築ワンルームマンションは、首都圏の場合1戸当たり2500～3000万円が相場です。これに対して、新築アパートCは総額8000万円で8戸だったから、1戸当たりの価格は1000万円です。取れる賃料から計算してもわかるように価格が高ければ、投資利回りが低下するのは当然です。一般的に、新築ワンルームマンションと、新築アパートでは1戸当たり2倍近い開きがあるものです。

4-1-5　土地購入からの新築アパート投資とは

ここでは、新築アパート投資の中でも、弊社が取り組む土地を購入してアパートを建てる不動産投資を考えます。新築ワンルームマンションの話題から脱線しますが、ここまでの話で新築アパート投資に関心を持った投資家の方は参考にしてください。

新築アパート投資といっても、実は建設業者や不動産業者が土地を買ってアパートを建て、完成後に投資家に販売する、いわゆる建売型の新築アパートと、投資家自らが更地や古家付きの土地を購入して、自分でアパートを建てる新築アパート投資との2つの方法があります。

建売型の新築アパートは、完成後の引き渡し時に融資を実行する一括融資実行型でローンを組みます。これに対して、土地購入から始める新築アパート投資では、土地と建物それぞれの引き渡し時に、それぞれの融資を実行する分割融資実行型でローンを組むのです。

この分割融資実行型の流れをもう少しくわしく説明すると、アパートを建てる土地を購入・引き渡した時点で、まず土地分の融資を受けて、土地売主に代金を支払います。

次に、建物建設については、着工時に30%、上棟時に30%、建物完成・引き渡し時に残り40%といった具合に、工事の進捗に併せて銀行から融資を受けながら、代金を建設業者に支払っていくのが一般的です。この割合は建設業者などの条件によって異なりますが、自宅である注文住宅を建設する場合も、多くはこの支払い方法が採用されています。

さて、土地購入から始める新築アパート投資のメリットは、すでに間取りや設備仕様がおおよそ決まっている建売型の新築アパートと違って、完成後の賃貸経営を意識した企画や設計を取り入れやすいことです。私が探し出した土地を投資家に購入してもらってアパートを建設する場合、弊社のプロパティマネージャーと打ち合わせのうえ、そのエリアで主に見込める賃貸需要に最も適した間取りや設備仕様を取り入れるように心掛けています。つまり注文住宅と同じように、自由なプランを採用し、設備やインテリアにも賃貸需要を意識した、工夫を凝らす余地が大いにあるということです。

建売型のアパートを建設・販売する不動産業者が買えない土地が買えるのも、土地購入から始める新築アパート投資のメリットといえます。購入した土地の代金と建設費に自社利益を乗せて販売しなければならない業者が買える土地価格は、自ずと限界があるのです。これに対して、投資家自らが土地を購入する場合は利益を乗せる必要がないために、業者より高い価格で土地を買っても、その後の賃貸運営が成り立つ投資戦略が組み立てられるケースがあります。

一方で、建売型の新築アパート投資にはないデメリットもあります。まず融資を何度にも分けて受けなければならないために、その手続が煩雑なことです。さらに、こうした融資に消極的な銀行も多く、融資先は限られるという現実もあります。

また、建物完成前に融資を実行するために、引き渡し時に一括で融資実行する建売型では発生しない利息が生じてしまうのもデメリットです。たとえば、3500万円の土地を金利3％の銀行融資によって購入すると、土地購入から建物完成までにかかる半年分の利息約52万円を負担しなければなりません。

このように、融資手続の煩雑さや、利息負担といったデメリットはあるものの、建物完成後の賃貸運営を成功に導くプランを採用しやすい、土地購入型の新築アパート投資は、結果的に投資家の利益になることが少なくないのです。アベノミクス・東京オリンピック開催により価格の上昇している今だからこそ、このようにして投資の選択肢を増やし、さまざまな角度から検討する必要があるのです。

4-1-6　中古アパート投資について

　ではここから少しだけ、中古アパート投資についても触れたいと思います。新築アパート投資と比べ利回りは高くなるものの、どうしても融資条件が悪くなってきます。とくに木造であれば、融資期間が短くなる傾向にあり、築浅でもない限り、15～20年というのが一般的です。仮に築年数の古いアパートで長期間融資を組もうと思えば、金利が高くなることが多くあり、また場合によっては、自己資金比率の上がるケースも出てきます。今のような情勢で考えると、新築より利回りが高いといっても、それほど極端に良くなるケースというのは少なく、買ってからの修繕費用を見積ったときに、どれだけ投資としてうま味があるのか、というところを考えなければなりません。

　仮に低金利の銀行を利用した場合、金利は2％、融資期間が15年であるとすれば、5000万円のアパートを表面利回り8％で買ったときの収支としては、以下のようなイメージです（**図4－5**）。

　年間のキャッシュフローでマイナス27万円。最初に行う投資としては、少々抵抗があるかもしれませんね。

4-5　築古中古アパート

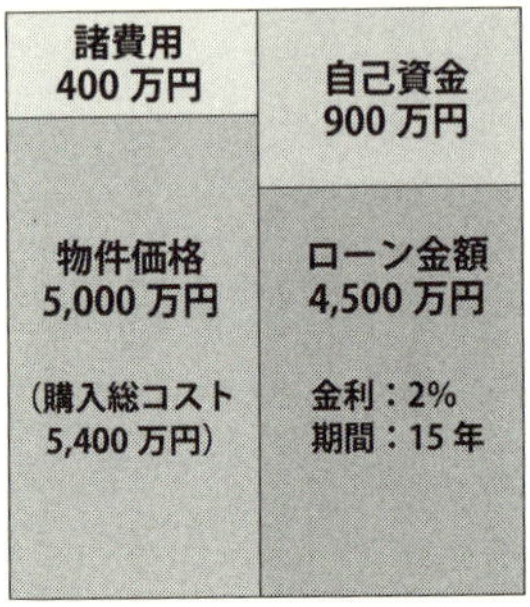

	年間家賃収入	400 万円
▲	空室率 5%	20 万円
	実効総収入	380 万円
▲	運営費	60 万円
	営業純利益	320 万円
▲	年間返済額	347 万円
	税引き前キャッシュフロー	▲27 万円

FCR　5.9%
CCR　－

では、同じ物件で金利が3・5%、融資期間25年だとすればどうでしょうか。なんとか年間のキャッシュフローが、50万円は残るようになりました（**図4―6**）。しかしながら、退去後の室内修繕コストを考えると、ここからさらに、手残りが減ることが考えられます。築20年も経っていれば、ワンルーム1室に対しての修繕費というのは、平均20万円くらいかかってくるでしょうから、年間2室退去があれば、それだけでほとんど手残りがなくなるということです。

ではこの物件は投資として不適格なの？　というと、それはまた別の話になります。中古アパートのメリットとして

4-6　**築古中古アパート：金利3.5%、融資期間25年**

	年間家賃収入	400万円
▲	空室率5%	20万円
	実効総収入	380万円
▲	運営費	60万円
	営業純利益	320万円
▲	年間返済額	270万円
	税引き前キャッシュフロー	50万円

FCR　5.9%
CCR　5.5%

は、エリアにもよりますが、新築と違い家賃の下落が少ないということ。よって収益還元から購入時と売却時の価格の差が、ほとんどなく売却できる可能性があるというわけです。

たとえば10年後に同額で売却できたとすれば、

5000万円－ローン残債3150万円－諸費用200万円＝利益1650万円

となります（譲渡税は含まず）（**図4－7**）。

すると、**図4－8**のようにIRR（内

4-7　10年後に売却

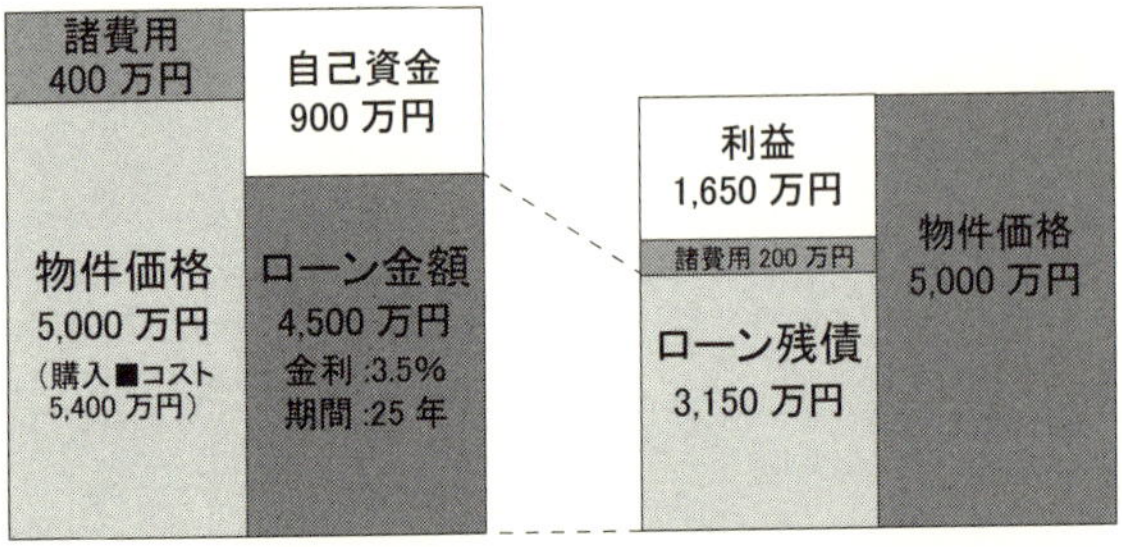

4-8　IRR（内部収益率）

年	
0	**（900 万円）**
1	**50 万円**
2	**50 万円**
3	**50 万円**
4	**50 万円**
5	**50 万円**
・	・
・	・
10	**50 万円** + 1,650 万円

**IRR
10.6%**

部収益率）は10・6％となり、決して投資としては悪くない結果がでてきます。

あとは、これを投資家さんそれぞれで、どう考えるかということになります。すでにある程度の収益物件を所有して、キャッシュフローにも余裕があるという方であれば、このような中古のアパートを買ったとして、仮に修繕コスト等で持ち出しになったとしても、とくに問題はないと思います。

しかしながら、一棟目からほとんどキャッシュフローが期待できず、マイナスになる可能性の高いアパートだと、精神的にもストレスが大きいかもしれませんね。それならばやはりキャッシュフローの出やすい新築アパートで、レバレッジを効かせながら、まずは安定的に運用するほうが資産形成はしやすいと思います。

そんなところを考えながら、自分にとってどういう投資方針で進めたほうが良いのかを選択することが重要になってくるということです。

2 「ワンルームと一棟アパート」どちらを買うべきか

ここまでで、新築ワンルームマンションと中古ワンルームマンション、そして新築アパートと中古アパートそれぞれの投資シミュレーションをみてきました。では結局のところ、ワンルームマンションとアパートのいずれに投資すれば良いのでしょうか？

これまでのお話で、新築ワンルームマンションではないということはわかっていただけたと思いますが、実はこの設問には正解がありません。不動産投資を行う投資家の目標や目的によって、その目標に最も効率良くかつ安全に到達できる投資手段が異なるからです。冒頭に触れたように、私は投資相談に訪れた投資家の皆さまには必ず「何のために不動産投資を行うのか」をお聞きすることにしています。繰り返しになりますが、「何のために」という投資の目標や目的によって、こちらが提案する投資物件や投資規模といった投資戦略が自ずと異なってくるからです。

将来の年金不安に備えて、不動産投資を行う投資家の方は多いでしょう。ただ、同じ年金不安への対応でも、毎月10万円が必要なのか、20万円が必要なのか、それとももっと上をめざして100万円が必要なのかという、不動産投資によって実現しようとする目標金額が異なるのです。確かに、儲けは多ければ多いほど良いのかもしれません。しかし、より多くの儲けを得ようとすれば、用意しなければならない自己資金の額も、銀行から借り入れるローンの金額も多くなって、人によっては過大すぎるリスクを背負うことになってしまいます。しっかり投資分析を行ったうえで不動産投資を行えば、リスクはある程度コントロールできるのです。目標を達成するために背負うリスク以上のリスクを最初から背負い込む必要はないのです。

不動産投資によって実現したい目標金額を明確にしたうえで、その金額に効率よく到達するためには、ワンルームマンションなのか、アパートなのか。仮にワンルームマンションなら何戸購入すればいいのかを考えてみれば良いのです。

①目標600万円ならアパート投資？

たとえば65歳のリタイア後は、ときどき旅行に行ったり、仲間と趣味を楽しんだりと、

4-9 **キャッシュフロー600万円の投資シミュレーション**

	年間家賃収入	8,000,000円
▲	空室率5%	400,000円
	実効総収入	7,600,000円
▲	運営費	1,600,000円
	営業純利益	6,000,000円
▲	年間返済額	0円
税引前キャッシュフロー		6,000,000円

ゆとりあるシニアライフを実現するために、毎月50万円、年間600万円のキャッシュフローを不動産投資で実現したいと考えたとしましょう（**図4―9**）。

そうすると、65歳の定年までにローンの返済を終えていることを前提に、家賃収入から運営費などを差し引いて残る営業純利益（ネット収入）が600万円になるように投資を組み立てれば良いわけです。大まかな目安として、投資シミュレーションでは空室損に5%、運営費に20%の合計25%を支出として計上します。すると、年間に必要な家賃収入は800万円（ネットの収入600万円÷75%）。年間800万円だから、毎月の家賃収入としては67万円を目指さなければならないのです（年間家賃収入800万円÷12ヶ月）。

新築アパートの場合だったら、1戸当たりの月額家賃が6万円として、67万円のためには約11戸が必要です。1戸当たりの物件価格を1000万円として計算すると、仮に11戸の新築アパートであれば1億1000万円の投資規模が必要になります。

この投資規模から割り出した適正なローン返済額は、年間460万円（DCR1・3から逆算、営業純利益600万円÷DCR1.3＝年間返済額460万円）。65歳の定年時に600万円のキャッシュフローを手にするには35歳で11戸の新築アパートを融資期間30年で購入し、ローン返済中は600万円－460万円＝140万円のキャッシュフローが入る計算です。

同じ年間600万円の投資目標を、ワンルームマンションで実現しようとするとどうでしょう。先ほど投資シミュレーションした、築27年の中古ワンルームマンション物件Bのケースだと、営業純利益は約50万円でした。すると、同程度の中古ワンルームマンションを12戸ほど購入しなければ、600万円の目標に到達しないのです。

ワンルームマンションは1戸当たりの金額が低い分だけ投資リスクは抑制できますが、

一方で、投資スピードが遅くなりがちです。銀行も、新築アパート一棟クラスへの融資は規模が大きいため積極的スタンスを取っていますので、1回で600万円の投資目標に向けた資産形成ができますが、中古ワンルームマンション12戸をそれぞれ1戸ずつ融資するには、銀行にとってもそれだけ経費がかかります。また皆さん自身も物件の契約から銀行と結ぶ金銭消費貸借契約、そして決済まで、目標とする資産形成を達成するにはそれなりの時間と手間がかかります。月々50万円ほどの目標であれば、まずはアパート投資から始めたほうがより現実的な数字に近づけやすいということですが、あとは投資家それぞれの年齢、資産背景などによって提案内容は異なってきますので、そこは個別にご相談いただければと思います。

②リスク分散ならワンルームマンション投資

あとはその投資家の背負えるリスク感次第です。初めから一棟だとなかなかハードルも高くなるでしょうから、まずはワンルームマンションから契約・銀行手続・決済、そして確定申告までのひととおりの経験を積み、自信がついた時点でアパートに挑戦するようなスタンスでも良いと思います。また、先程のケースである区分のワンルームマンション12戸に投資した場合は、エリアや物件特性によってリスク分散できるメリットがあります。何らかの理由によってエリアの賃貸需要が急減してしまえば、アパート一棟はリスクが伴いますが、最初からエリアを分散してワンルームマンション12戸を購入すれば、こうした事態は避けることができます。一棟アパートよりもワンルームマンション投資のほうが自分には向いているという投資家の方は、長期間でコツコツと資産を積み上げていく投資戦略を組み立てていけば良いでしょう。

また、そもそも年間600万円もの不動産収入が必要ないと考える人、たとえば毎月15万円の安定収益があれば足りる人の場合、リスクの低い中古ワンルームマンション1戸から始めてみるのも一手です。中古ワンルームマンション物件Bの価格は、800万円。銀行ローンによってレバレッジをかけるため、自己資金として投入した金額は160万円。そのようにして購入した中古ワンルームマンションから得たキャッシュフローと、毎月の給与収入の中から生まれる余裕資金を、無駄遣いせずにコツコツ貯めて、再度自己資金ができれば中古ワンルームマンションを購入してみます。毎月15万円であれば、1000万円のワンルームマンション3戸~4戸を買ってローン完済できれば、おおよその目標は達成となります。

このようにして、その投資家さんの目的によって進める方向性は異なってきますが、一般的にはそのような投資を繰り返して資産を形成し、ある程度の規模まで買い足すことができれば、そこからはリスクを縮めていく作業に入ります。借換えをして金利を下げる、また所有物件を売却してローンの繰上げ返済に充当し、残りの融資期間を短くしても良いでしょう。そのような作業を長期にわたり繰り返すことによって、投資リスクを着実に下げることができるようになります。

不動産投資未経験の方は、まず実際に始めてみることです。やってみてこそわかることも少なくありません。とくに一般のサラリーマンは、ほとんど縁のない確定申告の方法も始めてみないとわかりません。まずは賃貸物件を運営しないと、不動産投資のメリットやデメリットや各リスクも実感できないのです。まずはリスクの低いところから実行してみるというのも重要ではないでしょうか。

数百万円の区分マンションと言っても、ひとつずつを買い足して6戸になれば、もうそれは一棟のアパートを所有しているのと変わりないですし、最初は不動産投資にまだ半信半疑で慎重だったけど、物件購入を続けていくうちに次第に投資スピードが上がっていく投資家の方が圧倒的に多いのです。

また私のオーナーでも、当初は「投資の目標は毎月20万円の安定収入を得ること」「リスクの低い中古ワンルームマンションしか怖くて自分にはできない」と言いながら物件を購入してもらいましたが、今ではワンルームマンション10戸以上を保有するまで資産規模が拡大しました。するとどうでしょう。今後は繰上げ返済やリスク圧縮に転換するタイミングかなと思っていたところ、「次はアパートに挑戦したい」「もう少し目標とする収入を上げたい」と方向転換するケースもあるのです。それは実際に経験して不動産投資のリスクを知り、まだ自分でもそのリスクを背負えるだけの余裕があるとわかったからなのだと思います。

コラム3

シェアハウス投資について

日々、物件の仕入れをしていると、シェアハウス型の売りアパートを見かけることが多くなりました。一般的なイメージとして、ドラマ等々で取り扱われていることもあり、美男美女の恋愛模様を見ているとやはり絵にもなることでしょう。そんな生活に憧れる気持ちもわからないではないのですが、ではこのシェアハウスが流行っているのは良いにしても、不動産投資として考えたときに、本当に魅力的な投資といえるのか？　もちろんそれはまた別の話です。

「シェアハウス」といえば高利回りのイメージが強いと思うのですが、そこには何らかの理由があります。そもそもこれまで私が見てきた物件や相談を受けたシェアハウスについては、立地に難あり、大きな問題を抱えています。その問題とは、社会問題になりつつある空室リスクです。

企画する工務店や業者側としては、いかに利回りを高く見せるかということに重きを置いており、そのためには安価な土地にアパートを建築する必要が出てきます。土地が

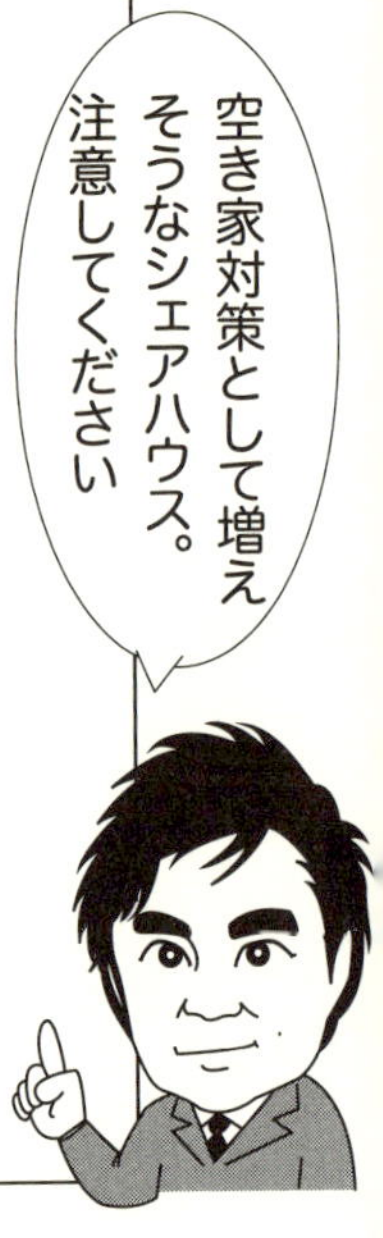
空き家対策として増えそうなシェアハウス。注意してください

安いということは、立地が悪くなり、そうなると一般的には空室リスクが高くなります。投資利回りが高いということは、そこには多くのリスクが隠れていると疑ったほうが良いのです。

そして、シェアハウスの各部屋の専有面積はワンルームタイプよりも狭く、好立地ならまだしも、すでに需要と供給のバランスが崩れているような地域に建築をしていたりするので、近い将来を見据えても、本当に安定した運用ができるかどうかは大いに疑問が残ります。

以前、このようなシェアハウスを所有しているオーナーさんから「売主がサブリースをしてくれるから安心でしょ」という話を聞きましたが、そもそもサブリースは2年ごとに賃料の見直しがあるわけで、運用がうまくいかなければ、大幅な家賃減額も十分に考えられるので、決して楽観視はできないのです。サブリースを前面に出し購入を促すケースも実際にあるので、良い話には注意が必要です。

また、他のオーナーさんから見せてもらったサブリース契約書には、一般的によくある2年ごとの賃料見直しというものがなく、今後30年間は現況賃料を継続するという覚書を交わしたものもありました。

5年先、10年先も読めないこの情勢で30年もの間賃料見直しナシ！　そこには何か裏があるのじゃないの？　と逆に怖くなってきます。そのサブリース会社が倒産すればどうなる？　目先の利回りだけにとらわれてはいけないということ。

もちろん一見すると、30年間現状の家賃を継続してもらえるから安定運営ができるように感じるし、それだけリスクの低い物件のように思えてきます。しかし日本の場合、新築から15年くらいまではジワジワと家賃が下がることが一般的であり、30年先まで新築当時の家賃を継続してサブリースしてくれるといったような、普通に考えればそんなうまい話などあるわけがないのです。

それを裏付けるかのように、過去に同じような問題があり、すでに最高裁で争われている事例がありました。

最高裁の判例としては、サブリースが事業的委託であったとしても、サブリース業者とオーナーとの契約は建物賃貸借契約であることから、サブリース業者からの賃料減額請求は許されるというものです。

よって、今回のような賃料の減額を許さない旨の特約（＝賃料不減額特約）は無効であるということになり、結果30年間家賃を減額しない旨の特約は無効になるのです。

これはあくまでも私の想像になりますが、自社で新築のシェアハウスアパートを企画して、「30年も家賃減額しませんよ！　それだけ良い物件なんですよ！」という営業トークを使い、オーナーに安心感を持たせようとしているのではないかと思うのです。

一般的なアパートよりシェアハウスのほうが賃料が高く取れるので、価格を割高にしても収支の合うように見せかけて、その分利益を上乗せしてしていると考えられるのです。実際に見せていただいたシェアハウスの建築見積書では、木造のアパートコストよりも高くなっており、普通に考えればシェアハウスというのは、水廻りが共同であることから、割安になってもおかしくないはずなのです。

もしその業者が、賃料の減額を許さない旨の特約は無効であると知っていたうえで、自社のサブリース契約書に記載していれば、かなりの悪徳であると言わざるをえません。不動産投資にかかわらず、くれぐれもうますぎる話には気をつけたいものです。

ハイリターン＝ハイリスク、これが投資の基本であり、ぜひ購入前にご相談いただきたいのです。

第5章

ワンルーム・アパート投資での留意点

1 「モーゲージエクイティ分析」で価格を評価する

ワンルームマンションにしろ、一棟アパートにしろ、不動産物件を購入する場合は、投資家さんが目標とする利回りに、その物件が適正なのかどうかが大きな判断基準になります。投資家さんによっては、目標とする利回りが5％で良いという人もいるでしょうし、最低でも10％は欲しいと考える人もいるかもしれません。

一方、利回りは購入価格が異なれば、当然変化します。同じ中古ワンルームマンションでも、年間家賃収入100万円の物件を1000万円で購入すると10％の利回りですが、価格交渉によって800万円で購入することができれば、12％以上の利回りを得ることができます。自分が目標とする利回りを実現するには、「この物件なら、いくらまでなら買える」という、価格に対する目線を持つことが重要だということです。

「モーゲージエクイティ分析」とは、投資家が求める利回りをクリアするために、その投資物件を何％のキャップレート（ネット利回り）で購入すればいいのかを逆算して計算する手法です。モーゲージエクイティ分析を理解しておけば、自分の目標とする自己資金の利回りに対して、その物件価格が高すぎるのか、目標利回りをクリアできる価格であるのかを判断をすることができます。目標利回りをクリアできない価格であるとすれば、売主と価格の交渉をする必要がありますし、売主が価格交渉に応じてくれない場合は、目標利回りをクリアできるほかの物件を検討することも必要でしょう。また、そもそもの目標利回り自体を見直す必要があるかもしれません。

このモーゲージエクイティ分析というのは、やや複雑な投資分析法ですが、ワンルームマンションや一棟アパートに限らず、すべての不動産投資に適用できるので、ぜひ知っておいてください。

5-1-1　モーゲージエクイティ分析とは

モーゲージエクイティ分析は、次の数式で求めたA％とB％を合計してキャップレートを算出します（**図5―1**）。

借入比率（LTV）×K％＝A％
自己資金比率％×CCR％＝B％

A％＋B％＝キャップレート

では、ひとつひとつくわしく説明していきます。

①キャップレート

キャップレートとは、物件を売却しようとする際に「買う側はこれくらい利回りは求めるであろう」と期待される利回りのことで、エリアごとに一般的な相場観を得るときに使用される指標でもあります。

もちろん、物件ごとの立地、築年数、設備などの要素によって、キャップレートは異なります。キャップレートが高いということは、リスクが高いということであり、利益が高いということではありません。

不動産投資の世界において、不動産価格（V）はこのキャップレートを使った次の数

5-1 モーゲージエクイティ分析

借入比率(LTV)×K%＝　A　%

自己資金比率　×CCR%＝　B %

A%　＋　B%　＝　キャップレート

求めるCCRをクリアするためには、
何%のキャップレートで購入すればいいのか？

式で求めます。

ネット収入（NOI）÷キャップレート（R）＝物件価格（V）

たとえば、NOIが100万円で、キャップレートが8％だとすると、物件価格は「100万円÷0・08＝1・250万円」。キャップレートは投資家が期待する利回りだと述べましたが、8％の利回りを期待する投資家は、ネット収入100万円のこの物件を1250万円で購入することができれば、目標利回りを達成することができるのです。

一方別の投資家さんが、この物件に6％のキャップレートを求めたとすると、「100万円÷0・06＝1666万円」と、8％のキャップレートで算出した価格より高くなります。つまりキャップレートが高ければ高いほど、不動産価格は低くなり、キャップレートが低ければ低いほど不動産価格は高くなります。不動産価格とキャップレートは反比例の関係にあるということです。

実はキャップレートは、「リスクフリーレート＋不動産のリスクプレミアム」によっても求められます。リスクフリーレートとは、一般に最も安全だといわれる国債利回りを指し、リスクプレミアムとは、その対象物件が持つ固有のリスクを数値化したもののことです。国債利回りは同じだから、キャップレートが高い物件とは、リスクが高い物件のことを意味し、キャップレートが低ければリスクが低くて安全だから、価格は高いということになります。

ちなみに、物件価格を求める先の数式「V＝I÷R」を基にすると、キャップレート（R）は「ネット収入（I）÷不動産価格（V）」の数式によっても求めることができます。モーゲージエクイティ分析は、このキャップレートを、投資家個々人によって異なる資金調達力などの属性と、その投資家さんが求める自己資金の利回りによって算出する投資分析手法です。

②借入比率（LTV）

物件価格に対して、何％のローン（融資）を調達して購入したかの割合を示します。1000万円の中古ワンルームマンションを自己資金200万円、ローン800万円で購入したとすれば、借入比率（LTV）80％、自己資金比率は20％です。借入比率は、投資家や物件の属性によって自ずと異なりますが、資産を多く保有し銀行の信用が厚い地主であれば、全額ローンで購入もできるでしょうし、投資初心者のサラリーマンなら80〜90％程度が一般的です。

※モーゲージエクイティ分析の計算では、物件価格＋諸費用に対しての借入比率で計算します。物件価格1000万円、諸費用100万円、融資額800万円であれば、LTVは72％となります。

③K％（ローンコンスタント）

K％は、借入れに対する返済額の割合を示す指標のことです。金利というのは、ローン返済額のうちの利息分を意味しているわけですが、K％は利息＋元金分、実際に銀行に返すお金が借入金の何％に当たるのかを示しています。投資家にとっては借りたお金のコストに、貸し手（銀行）にとってはお金を貸すことによって得られる利回りに相当します。したがって、K％は投資家さんにとっては低ければ低いほうが、銀行にとっては高ければ高いほうが良いということです。

K％は、「年間返済額 ÷ ローン残高」の計算式で求めます。

たとえば、1000万円を金利3％、期間30年で借りた場合の年間返済額は約50万円。すると K％は50万円 ÷ 1000万円 ＝ 5％と計算します。K％は5％です。

K％は、借入金額に関係なく金利と融資（返済）期間によって決まります。たとえば、2億円のローンを上記と同じ、金利3％で期間30年の条件で借りたら、年間返済額は約1010万円。1010万円 ÷ 2億円 ＝ 5％となり、借入金が異なっても金利と期間が同じであれば、K％は変わらないということです。

一方、1000万円を金利は同じ3％でも、期間は10年短い20年で借りたとしましょう。すると、年間返済額は約66万円に増えるから、66万円 ÷ 1000万円 ＝ 6・6％。借入れコストであるK％は、期間30年の場合の5％より高くなってしまいます。期間30

年で借りるより20年で借りたほうが、銀行に支払う利息総額は少なくて済むものの、年間返済額が増えてしまうために、ネット収入を圧迫し、最終的に投資家の手元に残るキャッシュフローが少なくなってしまうのです。

Ｋ％は金利と融資期間によって決まってきますので、銀行に信用があって低い金利や長期のローンが組める条件の良い投資家さんのＫ％は低くなり、そうでない投資家さんのＫ％は高くなります。Ｋ％が低ければ、ネット収入からローン返済額を差し引いた後に残るキャッシュフローが多くなり、高くなれば、その逆。新築アパート一棟を購入するための資金５０００万円を金利１％・融資期間30年で調達できる投資家さんと、金利３％・融資期間20年でしか調達できない投資家とでは、同じ物件に投資しても、自ずとキャッシュフローの良し悪しが異なってきます。

なおここでは、モーゲージエクイティ分析にはＫ％を使うということさえ理解すれば足りるので、Ｋ％そのものについては詳しく触れないものの、お金の調達コストであるＫ％よりＦＣＲ（ネット利回り）のほうが高ければレバレッジが働き、効率の良い投資が可能になることを示しています。

④自己資金比率

ＬＴＶの項で述べたように、購入価格に対して投じた自己資金の割合が何％だったのかを示します。不動産投資はローン＋自己資金で行うから、ＬＴＶと自己資金比率を足すと１００％になります。

⑤ＣＣＲ

前述したように、不動産を購入するに際して投じた自己資金の投資利回りを示します（キャッシュフロー÷自己資金）。

物件を購入するに際して、自己資金１０００万円を使った場合の年間キャッシュフローが１００万円であれば、１００万円÷１０００万円でＣＣＲは10％、つまり自己資金が10％で運用できているということです。

5-1-2 モーゲージエクイティ分析のシミュレーション

モーゲージエクイティ分析で使う各指標を理解したところで、具体的な数値を当てはめてみます。モーゲージエクイティ分析で使う数式は、以下のとおりでした。

借入比率（LTV）×K％＝A％
自己資金比率％×CCR％＝B％

A％＋B％＝キャップレート

借入比率90％、K％が5％（金利3％・期間30年）、自己資金比率10％で、求めるCCR（自己資金の利回り）が10％の投資家Xの場合は、次の式で計算します。

90％（0・9）×5％（0・05）＝4・5％（A）
10％（0・1）×10％（0・1）＝1・0％（B）
A＋B＝5・5％

この投資家Xさんの場合、キャップレート5・5％で不動産物件を購入すれば、目標とするCCR10％の利回りを達成できるということです。

では、銀行に信用のある別の投資家Yさんの場合はどうでしょうか。投資家Xさんと同じ金額を金利1％、期間30年で借りられるとします。すると、K％は3・8％に下がるから（A）は3・4％。求めるCCRが同じ10％だとすれば、（B）は同じ1・0％なので、3・4％＋1・0％＝4・4％のキャップレートで購入すれば、目標CCRをクリアできます。

不動産価格は「ネット収入（NOI）÷キャップレート（R）」で求めると述べましたが、先ほど、中古マンションの投資モデルとして考えてきた築27年の物件Bのネット収入は50万円だったので、金利3％融資期間30年でローン調達する投資家Xさんは「50万円 ÷ 5・5％＝909万円」で買えば、また金利1％でローン調達できる投資家Yさんは「50万円÷4・4％＝1136万円」で買えば、それぞれ目標利回り、CCRをクリアできることになります。

ご覧のように、同じ目標利回りなら、有利な資金調達ができる投資家Yさんのほうが高値での購入が可能であり、市場での買い付け能力も高くなります。資産や担保があって銀行と有利な交渉ができる投資家さんは、さらに資産を増やす機会が多くなるということを数字が示しています。

5-1-3　モーゲージエクイティ分析の練習問題

次は、皆さんにモーゲージエクイティ分析を試みてもらいます。

売り出し価格1000万円の中古ワンルームマンションがありました。あなたは諸費用100万円含めた90%ローンが可能なので、銀行融資で90%の990万円を調達し、残り10%を自己資金で賄う（LTV90%、自己資金比率10%）投資戦略を立てました。ローンは金利3%・期間25年で、年間返済額は56万円になります（**図5—2**）。

購入候補物件のキャッシュフロー分析は、以下のとおりです。

あなたはこの不動産投資に対して、自己資金の利回りであるCCRで15%のリターンが欲しいと考えています。CCR15%をクリアするためには、あなたは何%のキャップレートでこの物件を買えばいいのでしょうか？　そのキャップレートなら、物件価格はいくらになり、売り出し価格の1000万円は適正範囲なのでしょうか？

モーゲージエクイティ分析によるキャップレートは、次のように算出できます（**図5

5-2　OCR15%を求める投資家なら何%のキャップレートで物件を購入すればいいのか?

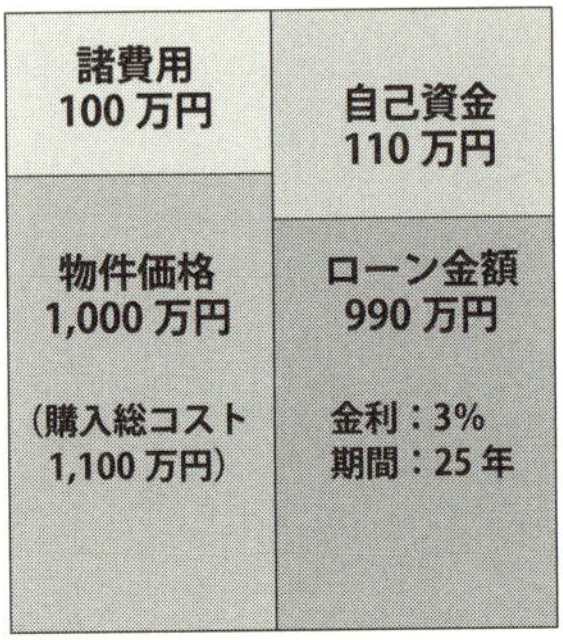

	年間家賃収入	84 万円
▲	空室率 5%	4 万円
	実効総収入	80 万円
▲	運営費	20 万円
	営業純利益	60 万円
▲	年間返済額	56 万円
	税引き前キャッシュフロー	4 万円

5-3　モーゲージエクイティ分析（キャップレート・物件価格）

LTV90%×K%5.69%＝5.12%

E10%×CCR15%＝1.5%

キャップレート＝6.62%

NOI60 万円 ÷ キャップレート 6.62%
＝906 万円

―3）。

次に、ネット収入とキャップレートから物件価格を割り出します。

ネット収入60万円÷6・62％＝906万円

あなたは諸費用含め906万円でこの物件を購入できれば、目標とするCCR15％をクリアできることがわかりました。売り出し価格の1000万円に比べれば、価格交渉が必要になるということです。

では、新築ワンルームマンションをモーゲージエクイティ分析で評価するとどうなるでしょうか。

投資シミュレーションで投資モデルに設定した販売価格2500万円の新築ワンルームマンションのネット収入は、91万円でした（空室損と運営費を控除後）。物件総額2580万円に対して、ローン金額は2500万円、LTV97％。K％は、年間返済額107万円÷ローン金額2500万円＝4・28％。期待するCCRを10％とした場合の

5-4　新築ワンルームマンションをモーゲージエクイティ分析で評価する

	年間家賃収入	120 万円
▲	空室率 5%	6 万円
	実効総収入	114 万円
▲	運営費	23 万円
	営業純利益	91 万円
▲	年間返済額	107 万円
	税引き前キャシュフロー	▲16 万円

キャップレートは4・45%になります（図5—4）。

LTV97%×K%4・28%（K%＝年間返済額107万円÷ローン残高2500万円）＝4・15%

自己資金比率3%×CCR10%＝0・3%

4・15%＋0・3%＝キャップレート4・45%

次に、ネット収入とキャップレートから物件価格を割り出します。

ネット収入91万円÷4・45%＝2044万円

ＣＣＲ10％を求めるとすれば、この新築ワンルームマンションは、諸費用含め２０４４万円で買わなければならないことになり、実際の販売価格より約５４０万円もの価格交渉が必要になるわけです。

このように、自分の求める資金の利回りとＫ％を把握しておくことで、不動産価格に対する自分なりの目線を確認することができます。これをおさえておけば、新築ワンルームマンションでも新築アパートでも、購入候補物件が出てきたときに、自身の求める利回りをクリアするためには、その価格が妥当かどうかを検証することができます。モーゲージエクイティ分析によって、これまでお話してきた新築ワンルームマンションがいかに高額であるのかがわかると思います。

ただし、これはあくまでも初年度の分析結果であり、ＣＣＲをクリアできないからといって投資不適格ということではありません。また仮に、運用中のキャッシュフローが少なくても、売却時に価格の上昇（キャピタルゲイン）が見込めるのであれば、大幅な利益を得ることができるかもしれませんし、ＣＲがクリアできているからといって、割高な価格で買っては売却時に大幅な損を出すかもしれませんので、注意が必要です。

2 地方都市物件では

5-2-1　投資利回りが高いということは？

一般的には、需要が安定している都心物件は、投資リスクが低く、結果投資利回りは低く、価格は高くなる傾向にあり、逆に投資リスクが高い地方物件は、投資利回りが高く、価格は低くなる傾向にあります。

実際、地方に立地する中古ワンルームなどの中には、東京のワンルームではあり得ないほど高い表面利回りの物件に出くわすことが少なくありません。すべての物件に当てはまるとはいいませんが、一般的に投資利回りが高いということは、投資リスクも高くなると考えたほうが良いのです。多くの地方都市では、ワンルームの主要ターゲットである若年単身者の人口は減る一方のため、空室や家賃の下落リスクは東京とは比べものにならないほど高く、それだけ投資リスクが高いからこそ、逆に安い価格でなければ売れないということを意味しています。

ここでは、利回りの高さをひとつのセールスポイントにする地方都市立地のワンルームの留意点を紹介してみましょう。

まず、「地方都市」といっても、大阪や名古屋といった日本を代表する大都市のワンルーム投資を考えます。人口や経済規模がそれなりに大きい大都市のワンルームなら安全なのではないかと考える投資家の方は、少なくないはずです。

大阪や名古屋のワンルームマンションは、東京より低い価格帯で購入できるため、見かけ上の利回りである表面利回りは、東京より高く表示されているケースが多いのです。ところが、東京のワンルームより多額になりがちな運用コストによって、実質的な利回りを計算すると低くなってしまうケースが多いのです。

どういうことかというと、東京のワンルームの面積は中古なら15～20㎡程度、新築は25㎡というのが一般的です。これに対して、大阪や名古屋のワンルームは、立地にもよりますがある程度広い面積でなければ賃貸需要が見込めないため、中古でも25～30㎡、またそれ以上の物件も決して珍しくないわけです。

そうすると、たとえ家賃収入が東京と同じだったとしても、広い住戸面積にかかる固定資産税や、管理費・修繕積立金の負担が重く、運営費を差し引いた後に残る営業純利益（ネット収入）を圧迫します。空室リスクや家賃の下落リスクは、東京よりも高いケースが多いので、本来は東京のワンルームより高い利回りを期待したいところですが、実際にキャッシュフローを分析すると、大阪や名古屋の物件は、東京よりネットの利回りが低くなることも多々あるのです。

以前相談を受けた地方都市のアパートでは、単身者やＤＩＮＫＳ向けの賃貸物件として50㎡程度の広さでしたが、月額家賃は４万円台と非常に割安でした。

こうした地方都市のマンション投資では、とくに室内修繕コストの負担に注意しなければなりません。退去者が出た場合の修繕コスト（原状回復リフォーム）は、東京の15㎡のワンルームなら20万円程度が相場。平均家賃を６万円とすれば、このリフォームコストは約３・３ヶ月で回収することができます。

これに対して、地方都市の50㎡前後のマンションだと、室内の汚れ具合にもよるものの80万円程度かかることも想定しなければなりません。仮に家賃４万円だとすると、このリフォームコストを回収するのにかかる期間は約20ヶ月。もしリフォーム後に入居した賃借人が2年間（24ヶ月）で退居してしまえば、実質4ヶ月分しか家賃収入を得ることができない計算です。さらには客付仲介手数料が家賃の1ヶ月、広告料（AD）が3ヶ月などといった話ですと、2年分の家賃はいっさい手元に残らないのです。

もちろん、地方都市でも物件次第では、低リスクで比較的高い利回りでの運用が可能な投資物件は存在しますが、地方都市のマンション投資については、そのようなリスク、そして地方特有の賃貸マーケットを理解することが必要です。

私の出身地である大阪でも、「この道路から西側は人気があるが東側はダメだ」とか、「川向こうの賃貸需要は極端に悪いので、お勧めできない」などの地元の人にしかわからないような賃貸事情があるのも確かです。また相場より安い物件があれば、その情報が皆さんに届く前に不動産業者が買い取り転売するでしょうし、くれぐれもそのようなリスクがあるということをわかったうえで検討してください。

5-2-2　結果として儲かるケースもある

あるオーナーさんから相談を受けたのが6年前。地方に一棟中古アパートを買ったけど、家賃の割にリフォーム費用がかかるし、融資期間を短く組んでしまっているので、ほとんどキャッシュフローが残らないといった内容でした。中古アパートは修繕コスト、また耐用年数から返済比率が高くなり、レバレッジが効きづらいことから、そういうような問題は、実際によくあることです。

そのオーナーさんは、その後何とかかんとか運用して、６回目の正月を迎え、やっと長期譲渡になりました。そして今のタイミングで売りに出してみると、この情勢もあって、購入時の価格よりずいぶんと高い金額で買い手が見つかったのです。

ＩＲＲ（内部収益率）で約30％！　いろいろと心配ごとは多かったかと思いますが、結果として、とても良い投資になりました。短期融資なので、元金の減りが早く、運用期間中にお金が残らなかっただけに、売却すると多くのキャッシュが手元に残りました。こうして利回りの高かった数年前に購入し、運用期間中のリスクがあったとしても、情勢の良いタイミングで売却すれば、意外と儲かることもあります。

この先をどう読むかということもありますが、前述したキャップレート、今後の投資リスクを考えると、物件によっては、今すぐ出口を迎えたほうが良いケースもあります。売却だけを考えると、今年より来年のほうが良いかもしれませんが、買い替えることまでを考えると、売却価格は高いのですが、購入価格も高くなるということになります。

このオーナーさんは、「地方物件の売却→首都圏物件に買い替え」という方針でしたから、地方価格の値上がり以上に首都圏価格の値上がり幅のほうが大きくなる可能性が高いので、このタイミングの出口で正解だったと思います。

5-2-3　これからの不動産投資は安定運用のできる物件選択が重要

図5－5は、健美家が出している全国一棟アパートの登録物件、投資利回り・価格の推移ですが、確かにリスクの高い投資をしている方であったとしても、買ったタイミングがリーマンショック後の2009年や東日本大震災後の2011年であれば、当時は価格も安かったので、仮に運用がうまく行っていなかったとしても、今の情勢で売却すると大幅な利益を得ることができるかもしれません。

しかしながら、これから購入を考えている投資家さんであれば、もしかすると東京オリンピック後に価格が大幅に下がっている可能性を考えておいたほうが良いでしょう。

すると、売却を検討しても値下がっている、というような話では大損することも十分考えられます。よって、これからの不動産投資というものは、二極化が加速している現状を踏まえたうえで、キャップレートが上がりにくく、資産価値の高いエリアで投資す

5-5　一棟アパート（全国：登録物件　投資利回り・価格の推移）

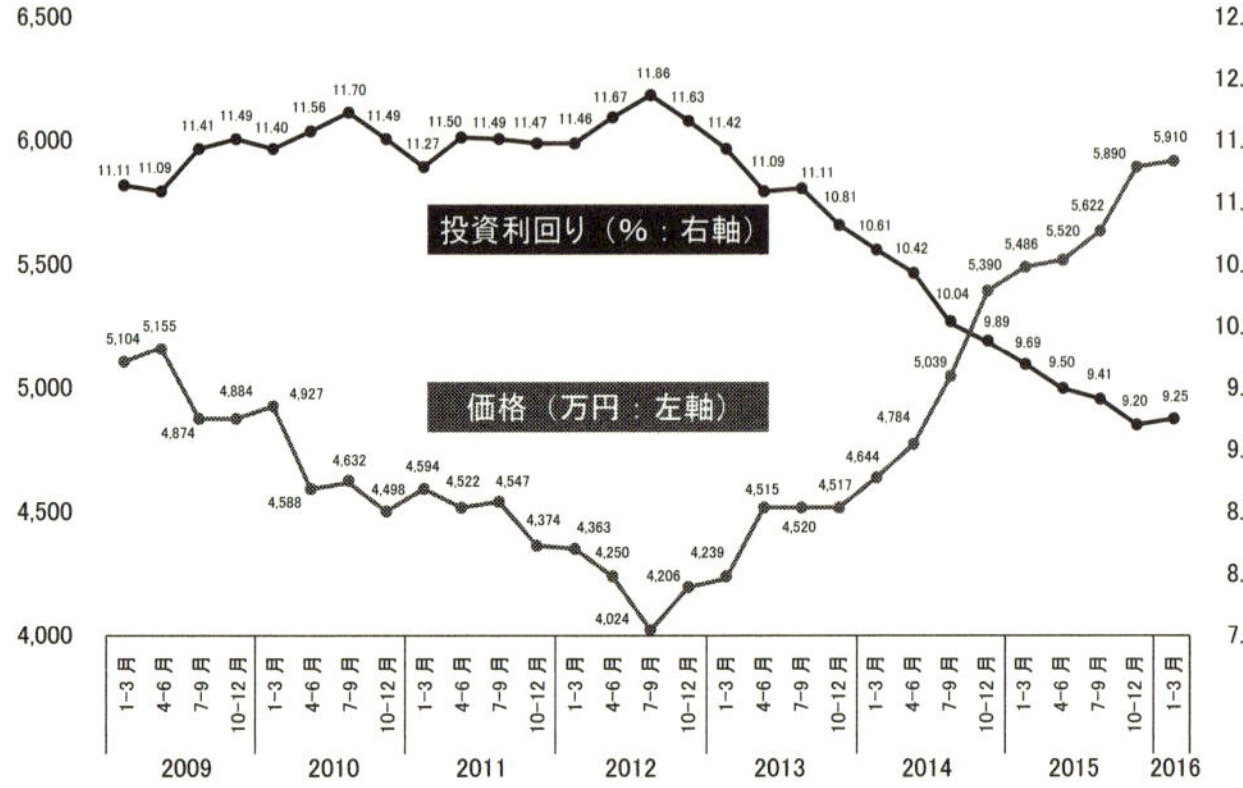

るということが重要になってきます。そういうエリアであれば、安定運用できる可能性も高くなるでしょうから、情勢の悪いときに売却という選択をする必要もありません。

「東京オリンピックが終わり、価格が下がることを考えると、今買うのはリスクがありますよね？」と心配される投資家さんもいらっしゃいますが、価格が下がれば売却しなければいいわけで、問題はそういった情勢の悪いときに運用がうまく行っておらず、持ちこたえることができないようなケースが一番のリスクです。これからの不動産投資は、安定した賃貸運用のできる物件選択が重要であり、価格が下がればそのまま保有、景気は上がったり下がったりを繰り返すでしょうから、その上がったタイミングで売却を検討すれば良いのです。

コラム4

自宅は賃貸か持ち家か

ここまでワンルームマンションや一棟アパートの投資について述べてきましたが、ここでは自宅について考えてみます。いろんな雑誌や書籍にも「自宅は賃貸がいいのか持家がいいのか」なんて題材がよく取り上げられています。

現在、賃貸住まいの方の場合、住宅を先に買うべきか投資物件を先に買うべきか悩まれる方は非常に多いと思います。「先に住宅を買うと、融資枠の問題から投資物件が買えなくなるのではないか」逆に「投資物件を先に買うと、住宅が買えなくなるのではないか」といったように。結局どちらから先に購入するべきなのでしょうか。

民間金融機関と住宅金融支援機構が提携している「フラット35」をご存知の方は多いと思います。全期間固定金利で支払いが一定、保証料無料、繰上げ返済手数料無料など、買主さんのメリットは大きいですね。さらに、このフラット35の大きなメリットとしては、アパートローンの借入れは返済比率に含まれないことから、すでに収益物件を保有し他行で融資を受けていたとしても、その融資に関係なく住宅ローンを受けることが可能になる点があげられます。

私のクライアントでも、すでに2億円ほどのアパートローンを抱えていましたが問題なくこのフラット35で融資を受けることができました。今後積極的に収益物件を増やしていきたい方は、先にアパートローンを利用し、収益物件を買い足し、その後フラット35を使っての住宅購入をお勧めします。

では本題、現在賃貸住まいですが、住宅を買うべきかどうか迷っているとの相談について、考え方としてはこうです。

まず賃貸住宅に会社の補助があるのかないのか。仮に50㎡の2DKが家賃10万円かかるところ、補助のある人なら、3万円くらいで住めていたりします。さすがに50㎡の住宅を買ったところで3万円以上の支払いになるでしょうから、会社の補助に甘えて、賃貸住まいのままでいましょうという話になります。もし数年後、家賃補助が切れるということであれば、そのタイミングで自宅を探せばいいのです。

そして家賃補助のない方であれば、まず自宅購入をお勧めします。仮に家賃を10万円支払っているのなら、その範囲内で買える物件を購入すればいいわけです。理想としては、ローンの支払いを8万円くらいに抑えて、残りの2万円を毎月コツコツ貯金する。

自宅を買うメリットとしては団体信用生命保険が無料で加入できるし、将来不動産投資を行ううえでの担保にもなります。また、将来借り手のあるような立地であれば、それも立派な投資となります。

以前、あるFPの方がこのようなことを言っていました。

「仮に、2000万円を金利0・8%、35年ローンで借りたら総返済額は約2293万円、月当たり約5万4000円。一般的な女性の年収300万〜400万円ではギリギリで、金利が上がれば返済額も上がり、生活が破たんしかねない」と。

しかし持ち家ではなく賃貸住まいでも、そのくらいの家賃は、最低でも支払っていくことになりますし、東京であれば、それ以上の負担が必要となるケースがほとんどです。そのうえ家賃と住宅ローンの支払額・立地が同じであれば、借りているより持ち家のほうがひと回りもふた回りも広い住宅に住め、設備も良くなるケースがほとんどです。住宅ローンが1%を切るような低金利の今、個人的にはこれを使わない手はないと考えます。

融資を組む場合に、ローン返済額は元金と利息の内訳になることは前述しましたが、融資額2000万円、金利0・8%、融資期間35年であれば、月々5万4000円の支

図-1　**元金の変動**

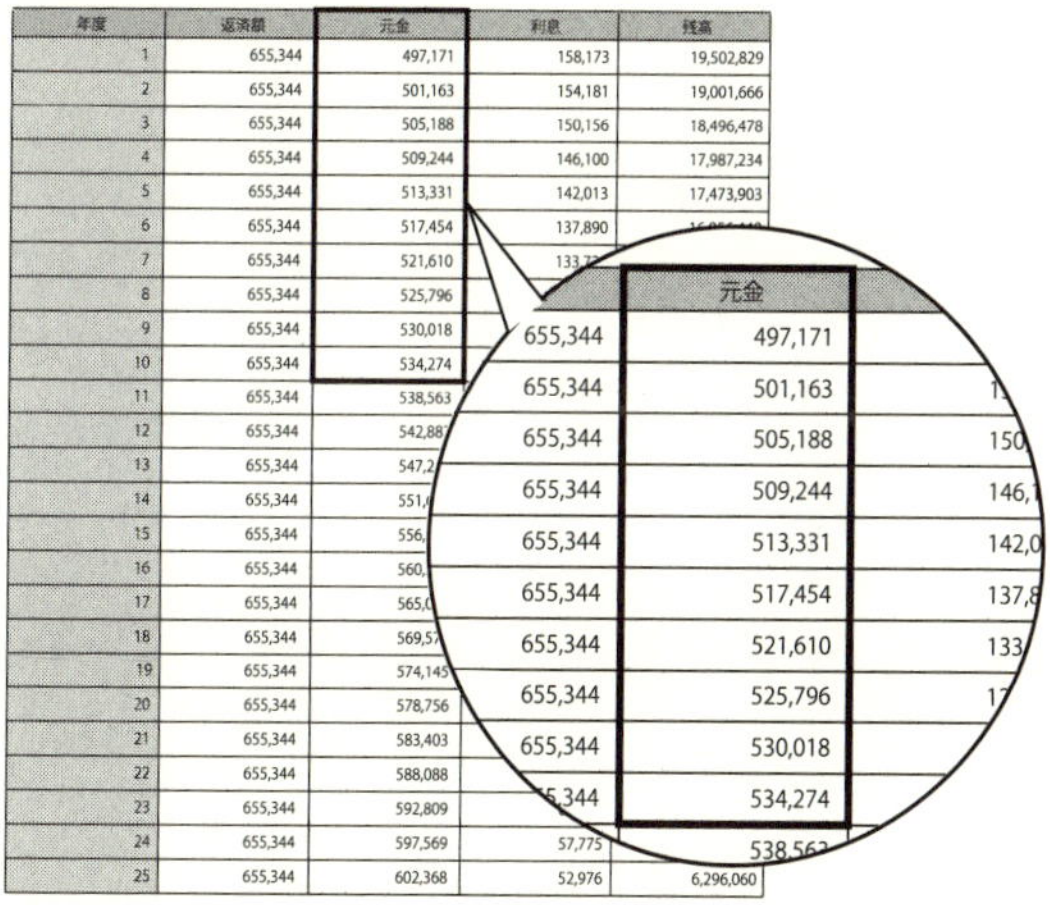

年度	返済額	元金	利息	残高
1	655,344	497,171	158,173	19,502,829
2	655,344	501,163	154,181	19,001,666
3	655,344	505,188	150,156	18,496,478
4	655,344	509,244	146,100	17,987,234
5	655,344	513,331	142,013	17,473,903
6	655,344	517,454	137,890	
7	655,344	521,610	133,7	
8	655,344	525,796		
9	655,344	530,018		
10	655,344	534,274		
11	655,344	538,563		
12	655,344	542,88		
13	655,344	547,2		
14	655,344	551		
15	655,344	556		
16	655,344	560		
17	655,344	565,0		
18	655,344	569,5		
19	655,344	574,145		
20	655,344	578,756		
21	655,344	583,403		
22	655,344	588,088		
23	655,344	592,809		
24	655,344	597,569	57,775	
25	655,344	602,368	52,976	6,296,060

払いです。その返済額のうち利息は1万5800円、元金は3万8200円です（**図―1**）。

　どういうことかというと、5万4000円のうち、利息1万5800円は銀行の取り分ですが、元金3万8200円は、所有者のストック、資産になっているのです。

　お金を借りる場合に、こういう考え方をできる方はまだまだ少数派だと思いますが、仮に2000万円で中古のマンションを購入して、10年後、2000万円で売却できれば、その時の残債は上記の金利0・8%、35年ローンであれば1480万円。売却諸費用を引いても約

図-2　**2,000万円の中古マンションを購入して10年後に売却**

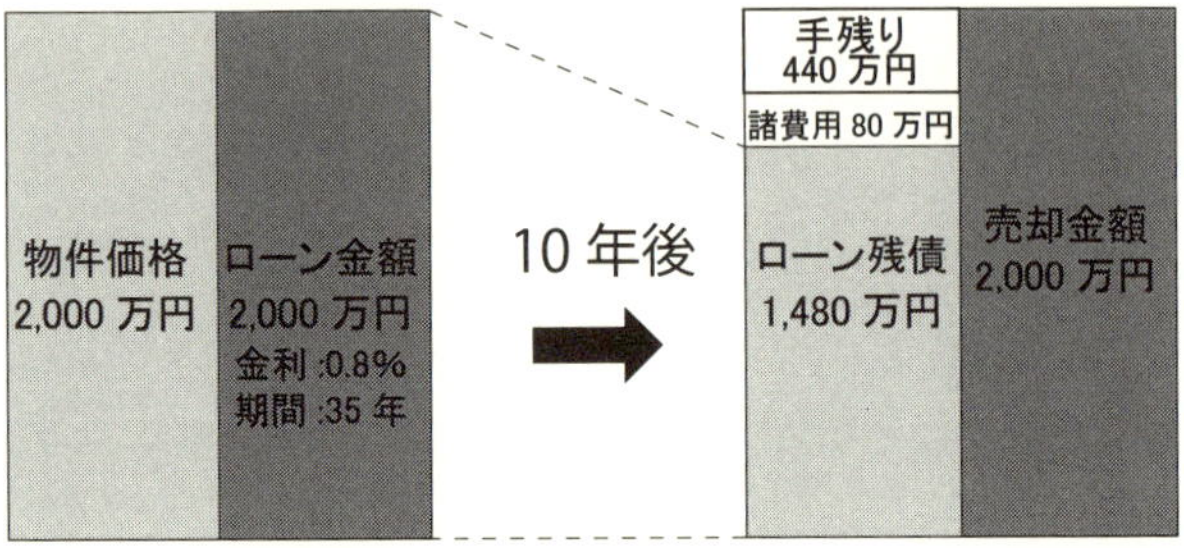

440万円のお金が残る計算になります（**図―2**）。

中古ワンルームのシミュレーション時にもお伝えしましたが、結局この440万円というのは、毎月コツコツ返してきた元金分であり、ローン支払いのうち元金約3万8200円（毎月元金と利息の内訳は変わり、元金分の支払い分は月ごとにもっと多くなってきます）を貯蓄してきたわけです。

もちろんこれは購入時と売却時の物件金額が同額という計算であり、新築マンションや築浅のマンションであれば、なかなかそういうわけにもいかないでしょう。

私自身の横浜に所有する築29年の自宅

図-3　資産として積み上がる元金返済

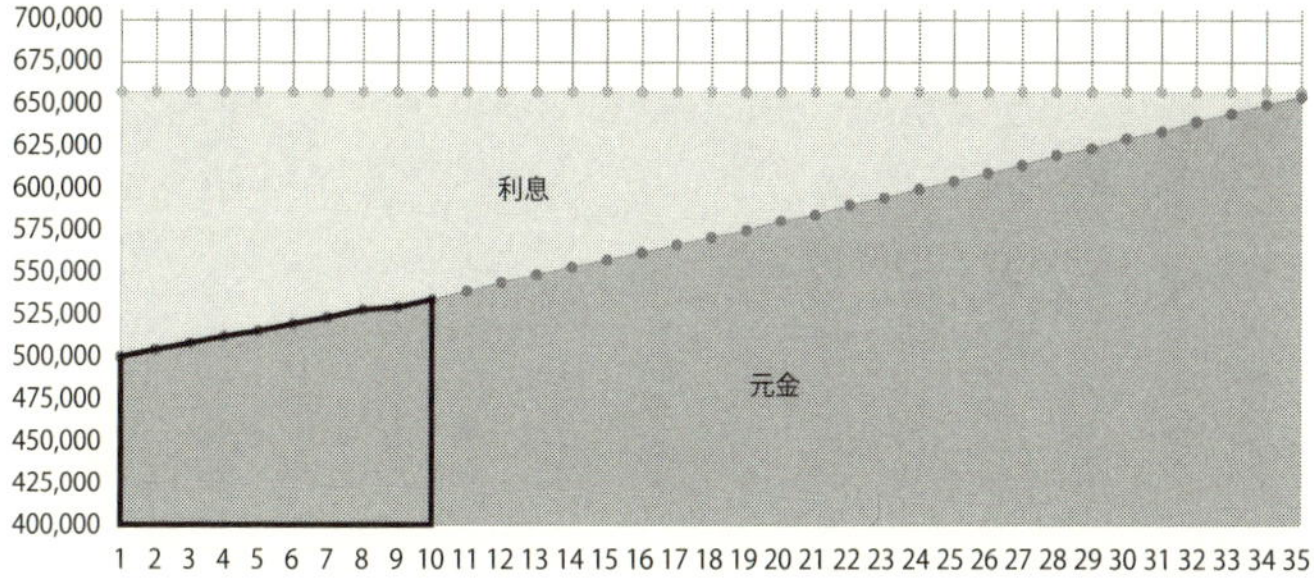

も、9年前に購入しましたが、現在では同額以上で売買されています。こんなに効率よく、またリスクが低く資産を増やせる商品はないと思います。さらに先ほどの団体信用生命保険も付与されることから、それらを含めても金利は約1％、これは貨幣の時間的価値を考えると、はっきり言ってタダでお金を借りているようなものです。

もし今、賃貸住まいの方であれば、家賃と同額のローン支払い額から、どのくらいまで借りられるのかを計算してみれば良いと思います。仮に家賃10万円であれば3540万円（金利1％、融資期間35年。別途管理費・修繕積立金・固定資産税を考慮するともう少し融資額は下がる)、そのうえローンの年間支払いが120万円であれば、そのうちの元金支払い分は101万円、年間支払い240万円であれば、そのうちの元金支払い分は170万円。7~8割分が元金返済であり、それが資産としてコツコツ積み上がっているということです(図―3)。

「何かをするリスク」よりも「何もしないことのリスク」のほうがはるかに高いということを知っておくべきです。

ただし住宅については、単純に「投資」だけでは判断できない要素もあります。それは「自己満足」という一面もあるということ。この立地でこの広さ、コンシェルジュカウンターに広々としたエントランス、ジムの付いた高級タワーマンションの最上階に住みたいなどなど。決して数字の世界ではなく、自分へのご褒美または仕事のモチベーション、奥さんのご機嫌取り? として購入をするというのも大切なことだと思います。

1日のうち約半分を自宅で生活するわけですから、それはそれはとても重要な要素です。もし少しでも早く、不動産投資で資産形成をしていきたいのであれば、極力借入れを抑えたほうが融資は受けやすくなるので、やはり自宅のローンは少ないほうが良いのでしょうね。

最後に

■「節税対策に」という勧誘にだまされない

最後に、これまでみてきた新築ワンルーム投資の〝真実〟をまとめてみました。

くわしくみてきたように、新築ワンルーム投資によって節税になるのは最初の1年目の確定申告ぐらいで、2年目、そして3年目からは、ほぼ確実に節税効果はなくなるのが現実の姿です。年収の多い人は、最初の年の節税効果がそれなりに出るため、一瞬惑わされるかもしれませんが、やはり2年目以降に節税効果が消滅するのは同じなのです。もし、節税を目的に新築ワンルーム投資を検討するなら、中古マンションでも一棟アパートでも節税はできますし、これまでみてきたシミュレーションを参考に、実際にあなたの節税効果を検証してみるべきなのです。

そして、そもそも冷静になって考えてみると、新築ワンルームの営業手法とはどういうものでしょうか。購入した方の多くが、会社に営業の電話がかかってきて勧誘されたというのがその始まりです。もちろん営業マンとしては、節税対策にもなるし、いい物件だと勧めて来ます。ではどうして、いい物件を突然わざわざ会社に電話までして買わそうとするのでしょうか。もし本当にいい物件なら、こちらから営業をせずとも、このご時勢、不動産投資に興味のある人なんて何万人といるわけですし、何をせずとも勝手に売れてしまっても不思議ではありません。最近ではそうした新築ワンルーム業者の営業手法が問題になりつつあります。

皆さんの中でも経験されたことのある方がいるかもしれませんが、東京駅等のターミナル駅前で若い営業マンが突然「名刺交換をしてください」と声をかけてきて、こちらの会社や連絡先を聞いてくるのです。私も数年前に新橋駅前で突然後ろから同じように声をかけられ、びっくりしたのを覚えています。またその他にも、大手企業の会社とその最寄駅の通勤途中を狙って営業をしているという話を聞いたことがありますし、そこまでして必死に買い手を見つけようとしているのも事実です。結局そのような営業手法には、何か裏があるということを認識しておかないといけません。

また、以前にこんなこともありました。私が東京の八重洲でセミナーをして会場のビルを出ようとすると、待っていたかのように若い女性の方が「セミナーお疲れ様です！」と声をかけてきたのです。何かと思えば、新築マンション投資のパンフレットを持った営業マンです。きっと私がセミナー講師ではなく、不動産投資に興味のあるセミナー参加者だと勘違いしたのでしょう。そのマンション業者は、弊社のホームページをチェックして、セミナーが終わるころを狙い、顧客獲得にやってきたのだと思います。くれぐれもそのような勧誘には気を付けてください。

■営業マンが購入しているか

不動産コンサルタントとして現場で働いていると、日々不思議に思うことがあります。

「このワンルームいいですよ！　このアパートお勧めですよ！　こんな場所ではまず出ませんからぜひ買ってください！」

お客さんに全力で物件購入を勧める営業マン。ただしよくよく話を聞いてみると、残念なことにその営業マン自身は、投資物件を何ひとつとして所有していないのです。そんなにいい物件ならそもそも自分で買えばいいのに……とついつい突っ込みたくなります。新築ワンルーム販売会社の営業マンで、自身でも新築ワンルームを購入しているケースは、ほとんどないでしょう。本当に儲かるなら、自ら新築ワンルーム投資を行うはずですし、まずはその時点で疑ってかかるべきでしょう。

ちなみに弊社では、中古ワンルームや一棟アパートあるいは一棟マンションに投資している社員が非常に多くいます。代表である倉橋の考え方として、まずはオーナーさんの資産形成することが第一ですが、社員に対しても同じように不動産の購入を勧めているのです。不動産会社によっては、自分たちが購入するくらいなら、お客さんに紹介しろというスタンスで、社員が不動産を購入することを禁止にしているケースが多かったりするのですが、弊社はオーナーさんを幸せにして、自分たちも幸せになれるよう資産形成していこうという考え方なのです。

不動産投資は、自分で購入を経験してからこそわかることが数多くあり、数千万円、数億円というローンを組むことの不安や、空室になったとき、また滞納をされたときの気持ちというのは、買った人にしかわかりません。もちろんネガティブな話だけではなく、入居者が決まったとき、満室になったときのうれしさ、毎月安定した利益が出て少し気持ちに余裕ができたときなど。どれだけ正しいことを言ったり、オーナーさん側に立った提案をしているように見えたとしても、結局、自分で経験を積まない限り、本当の投資家の気持ちや抱えているリスクすべてを理解することはできないのです。

私自身はというと、かれこれ10年前くらいから、投資物件をコツコツと買い続け、区分マンションや店舗付き住宅、一棟アパートまで、幅広く所有してきました。おかげでオーナー目線として提案ができることや、確定申告も自分で行っていることから、多くの引き出しを作ることができています。きっとオーナーさん自身も、投資をしていないコンサルタントより、実際に投資をして経験を積んだコンサルタントのほうが心強いでしょうし、説得力が違うと思うのです。皆さんが抱く年金不安等、私自身も将来に同じような危機感を持っているわけです。だからこそ自分の身を守るためにも収益物件を購入して、コツコツと資産を積み上げているのです。

これまで私から買ってもらった顧客の資産背景が、着実に拡大していく姿を間近で見ていると、自分でも買いたくなるのが一般的な心理だと思います。とにかく私の信念として、自分が気に入らない物件は顧客に勧めないし、極端な話自分以外の他のすべての営業マンがいい物件だと言っても、自分が買いたいと思わなければ、その物件を勧めるようなことはありません。

まだまだ先の話ですが、これからも担当顧客の資産を形成し、同じように自分の資産も形成して、10年後15年後には「あの時からコツコツと投資物件を買い足し運用してきたからこそ、今の楽な生活が送れている、本当にやってきて良かった」と美味しいお酒でも飲みながら、私の顧客と一緒に笑っていたいというのが、ひとつの夢でもあります。

■出口戦略のない不動産投資には手を出さない

不動産投資は、最終的に売却することによって初めてその投資トータルの利益が確定します。最初から購入して即転売によるキャピタルゲインを狙った不動産投資というのは、バブルの時代でもない限り、今では非常に難しいわけですが、一方で出口戦略のない不動産投資も現実的ではありません。

では、新築ワンルームが売却できるかというと、出口戦略のシミュレーションで見たように、赤字を覚悟しなければなりません。購入から10年後の売却シミュレーションでは、ローン残債と家賃下落による不動産価格の低下によって約500万円の持ち出しになりました。500万円を自分の財布から出すことができる人は損失覚悟で売却できますが、そうでない人は毎月のキャッシュフローがマイナス続きでも、売るに売れない〝塩漬け〟状態に陥ってしまいます。そんな物件を5戸・10戸と保有していればいるほど、出口を考えれば恐ろしいものはありません。もし運用期間中のマイナスが多すぎて、ローンの返済ができなくなったら？　人生が狂ってしまうかもしれません。結局、出口を出てこそ投資の利益が確定するわけであり、そのときに投資の勝ち負けが確定するのです。買う前から売却のことを考えるなんて、そんな簡単な話ではありませんが、最初から負けるとわかっている投資だけは、避けて通らなければなりません。

不動産業者だけが儲かるような世界では、この業界はいつまでたっても良くなりません。不動産という仕事は扱う額が大きいだけに、お客さんを騙せば瞬間的には儲かることができてしまう世界だと思います。しかし、そんな仕事が長く続くわけもなく、結局は自分たちの首を絞めているだけに過ぎないのです。いい物件を買えば、オーナーはもちろんのこと、管理会社、銀行、それにかかわっているすべての人が幸せであり、そこに不幸は生まれないのです。私たちも投資家も、長期的にコツコツと正しいことを継続していくことこそが、明るい未来につながるとそう信じています。

■リスクとリターンは釣り合っているか

不動産投資に限らず、投資の世界では、「ローリスク・ローリターン」、「ミディアムリスク・ミディアムリターン」、「ハイリスク・ハイリターン」です。空室や家賃下落のリスクが高い地方物件は、それだけ利回りが高い。何となく投資家のなかには「利回りが高いからいい物件だ」と勘違いしている人もいるようですが、利回りが高いということは、その裏にリスクが隠れているということ、高利回りでなければ売れないような物件だ、ということを理解しておかないといけません。

では新築ワンルーム投資は、どうでしょうか。売却して大幅な持ち出しになる可能性が高いのに、利回りはネットで3％程度が一般的。個人的には「ハイリスク・ローリターン」と言っても言い過ぎではないと思っています。少なくとも、不動産投資によって今後資産を増やしたい、形成していきたい人にはお勧めのできない投資であり、最初の「スタート」でつまずくと、大きく遠回りをすることになるのです。

前述したとおり、中古のワンルームや一棟アパートを買う際に、新築ワンルームを持っていることにより、銀行の審査でマイナスポイントになることは間違いなく、新築ワンルームを買ったがゆえに、次の投資の足かせになったり、また新築で買ったワンルームの売却することを条件に、銀行審査が通った事例もあるくらいです。それだけ投資リターンの割に投資リスク、将来リスクが高いということを、くれぐれも知っておいてください。常にリスクとリターンの関係です、そのリスクに対してリターンは釣り合っているのかどうなのか。それらを意識して決断することが重要です。

■投資するなら最低限の投資分析を学ぼう

新築ワンルームに限らず、不動産投資を行おうという人は、ぜひ「投資分析」を学んでください。ちょっと複雑な分析手法もありますが、少なくともキャッシュフローの簡単な分析さえ行えば、おおよその収支予測・投資効率・投資リスクを数字で把握することができます。不動産投資は株式投資やFXと違い、中長期にわたって賃貸物件を運用・経営する賃貸事業です。事業である以上は、事前に分析を行うのは当然であり、営業マンのセールストークだけを鵜呑みにしていて事業は成功しません。

とても不思議な話なのですが、たとえば皆さんが飲食店を経営するとしたときに、どのくらい商品の仕入れ値や人件費、家賃がかかるか等、事前に計算しませんか？ その下でどのくらい売上げが見込めれば事業として成り立つかを、きっと考えると思います。それと同じように、不動産投資でもどのような経費がかかり、ローン支払いがあって、またそれ以外のリスクについても、しっかりと事前に知っておく必要があるのですが、それらを知らずに進めていく投資家さんがいるのも事実です。そして先ほどもお話したとおり「投資」ですから、そのリスクに対しての効率も計算する必要があるのです。

そこで大切なのは、物件に対してはあまり個人的な主観をもたないことです。ワンルームであれば駅からの距離は重要ですが、「日当りが悪い」「南向きじゃないから嫌だ」「20㎡以上広さがないから自分では住みたくない」といった勝手な目線で決めてしまわないことです。結局、借りるのは私たち投資家ではないのです。そのような考えが、投資判断を狂わせ、そもそもの目的を見失ってしまいます。だから、新築のワンルームの建物を見ると、「オートロックが付いている、宅配ボックスがある、建物のグレードがいいから入居者は決まるだろう」。そういった目線で判断してしまい、結局道を踏み外してしまう方が多いのです。あくまでもこれは投資であり、自身の趣味し好よりも、不動産運営、事業としてどうなのかをしっかりと検討し、判断すべきなのです。

■買うことがゴールではなく買ってからがスタート

土地価格の高騰、また建築のコスト増も重なり、日々仕入れの難しさを痛感しています。「これだけの情勢ではなかなか物件情報も入ってこないのでは？」と多くの投資家さんからご連絡をいただきます。しかし、実際には驚くくらいの水面下情報が届きます。いったいそれはどういうことかと言うと、問題はその「質」にあります。

不動産業者が収益物件を企画する際、まず重視することは「どのくらいの利回りを確保できるのか」ということ。とにかく「利回りが高ければ売れるだろう」という考えが大元にあり、そもそも「売ったら終わり」。言葉は少し悪いですが、投資家が購入した後の賃貸運営になど興味がないというのが実際のところです。よって先ほどの水面下情報についても、利回りは高いがその分投資リスクも高く、単身者用新築アパート企画にかかわらず、駅から15分以上かかるものやバス便物件なんてものがほとんどなのです。結局駅が近くなれば、その分土地値が高くて、売り出す利回りが下がってしまうので、利益も確保できません。それなら物件の質が悪くなろうとも、とにかく利回りさえ高ければ売れてくれるであろうと、事業主としてはそちらのほうが出口は取りやすいと考えるわけです。投資初心者からすると、表面利回りが高ければ見た目の投資効率はよく見えますので、何となく魅力的な商品に感じてしまいます。そしてさらには、この情勢で好条件にて資金調達ができるのも、その要因を押し上げています。

しかし、このような表面利回りの高い物件は、その分家賃下落や空室リスクも高く、また平均居住期間が短くなる傾向があります。よって実質の利回り、もう少しわかりやすく言うと、皆さんの手残りであるキャッシュフローが当初の想定より大幅に減ることになるのです。そういう物件こそ「売って終わり」の世界であり、儲かるのは売主である不動産業者や工務店ということになります。

価格の上昇している今だからこそ、高利回りだけに目を奪われるのではなく、しっかりとした物件選別ができる「眼」を身につけておく必要があるのです。

不動産投資は買ってゴールではなく、買ってからがスタートです。物件を契約する前にもう一度、なぜ高利回りかを考え、その投資リスクに気づくべきです。

何の特長もないワンルームの間取りで、駅から10分を超えるような物件が他アパートの競争力に勝てるのか？　そもそもの利回りがこれだけ低下傾向にあるなかで、なぜその物件だけ高利回りなのか？　表向き良さそうな話に便乗するのではなく、常に冷静に判断することが、不動産投資には求められます。

その時の情勢融資環境によって、お勧めする投資物件は異なってきますが、これから大切なのは、何回も言っている「安定運用のできる立地・企画」なのです。

キャピタルよりもいかにインカムで安定的に稼ぐかを考えるほうが賢明なのです。

人口が減り不動産経営も、今より難しくなっていくことでしょう。すでに資産価値のない多くの土地が余っているなかで、過疎が進む地域の不動産はますます下落の一途をたどると思います。とにかく忘れないことは、キャップレートの維持できる、または下落するようなエリアを狙うということ。もしそれなりにリスクをわかったうえで投資をするのなら、そのような安定資産を作り、カバーが効く範囲でやることをお勧めします。

書籍などで夢のあるような話を聞くと、ついついそちらに魅力を感じてしまう気持ちもわかりますが、私たちのように全国から個別相談に来られる方々の話を直接聞く機会があると、「ハイリスク・ハイリターン」という世界がこんなにも恐ろしいのかと改めて気づかされます。

方向を間違えれば、最悪自己破産なんてことになりかねませんので、買ってからがスタートであり、買うことがゴール、目的ではないということをくれぐれも忘れないでください。

■あなたの目標は達成できるか?

最初に述べた不動産投資の「目標」を、もう一度確認してみてください。なぜ不動産投資に興味をもったのか。人によって「年金対策」「安定収入」「資金の効率的運用」「資産形成」「節税対策」など、さまざまな目標があると思います。はたして、ここまでシミュレーションによって分析してきた新築ワンルーム投資によって、そうした目標が達成できるのでしょうか。答えは明らかです。もう一度不動産投資のリスクとリターンを振り返り、自分にとって何が正しく、何が無理のない投資なのかを考えたうえで、冷静に判断して進むべき道を見極めるようにしてください。

冒頭にも書きましたが、不動産投資は決してリスクの高い投資ではなく、私たち個人が今の仕事をしながらでも副業としてやっていける、いたって簡単なわかりやすい事業です。今回の書籍のような不動産投資のカラクリを知っていれば、多くの投資リスクを軽減することができ、安定収益を得ることはそんなに難しいものではないはずです。しっかりと数字で物事を判断してオイシイ話にはくれぐれも騙されないように注意して決断してください。場合によってはその目的を下方修正したほうがいいようなケースもあるかと思います。

年齢が55歳でこれから不動産投資を始めたい、定年までに毎月100万円ほしいなど、もちろんその方の資産背景にもよりますが、ハードルが高くなることは言うまでもありません。本当に定年後、月100万円もの収入が必要ですか？ざっくり計算しただけでも月100万円、年間1200万円のキャッシュフローを作ろうと思えば、年間1600万円の家賃収入が必要です。ということは月にして133万円、1戸あたり家賃が6万円であれば22戸。また1戸あたり1000万円であれば2・2億円。あくまでもこの物件規模まで買い足し、2・2億円というローンがなくなれば、月100万円の目標が達成されるということです。かなりハードルが高いと思いませんか?

このように数字で考えると、何となくでもその投資リスクがわかっていただけると思います。不動産投資は費やせる時間も重要だということです。若ければ投資リスクは下がりますが、年齢を重ねればそれだけ投資リスクが高くなるのです。ご自身の年齢から、冷静になって無理なく進めていきましょう。とにかく不動産投資は、若くからやるに越したことはないわけで、その分リスクが軽減されるのです。できるところからコツコツと買い進め、運用していくことをお勧めします。

不動産投資をうまく活用して、皆さんの目的目標が達成されることを心から祈っています。

本書の最後に、いつもご支援いただいているオーナーの皆さまには、この場を借りて深く感謝申し上げます。また、本書の出版にあたって協力してくださいましたプラチナ出版の今井さん、山口さん、スタッフの皆さま、いろいろと親身にアドバイスをいただいたCFネッツ代表の倉橋社長、銀座タックスコンサルティングの保立先生、税理士下山貞男事務所の下山先生、深く御礼申し上げます。
そして、最後までお読みいただいた読者の皆さま、ありがとうございました。

ＣＦネッツ　山内真也

２０１７年11月

●著者紹介
山内真也（やまうち　しんや）
㈱CFネッツ副社長・アセットコンサルタント
23歳の時に大阪の売買専門仲介会社へ入社。戸建・マンション等の居住用売買仲介を全般的に手がけながら、不動産実務を習得。当時、某有名フランチャイズ加盟店にて「関西圏優秀賞」「媒介報酬総額トップ10入賞」など数々の表彰を受ける。不動産投資のノウハウを身につけるべく30歳で上京、CFネッツに入社する。東京・横浜で一棟アパート・区分マンションを保有し、自身も一投資家として資産を増やしながら、その経験をもとにした的確なコンサルティングが評判である。また、保有資格は10を超え、建築士としての視点も持ち合わせる。現在、東京・大阪・名古屋・静岡を中心に随時個別相談をこなし、全国でセミナー講師も務める。
著書に「不動産投資プロの流儀」（共著）、DVD「ファイナンスから知る！今あなたができる不動産投資」、「数字でわかる不動産投資の全構造」、「これから始める人のアパート投資セミナー」絶賛発売中。
保有資格：CCIM(米国認定商業不動産投資顧問資格)、CPM米国公認不動産経営管理士)、2級建築士、公認不動産コンサルティングマスター、相続支援コンサルタント、宅地建物取引士

株式会社CFネッツ
【鎌倉本店】
〒247-0056　神奈川県鎌倉市大船2丁目19番35号　CFネッツ鎌倉ビル
TEL0467-50-0210（代表）　http://www.cfnets.co.jp
【東京本社】
〒104-0061　東京都中央区銀座1丁目13－1 ヒューリック銀座一丁目ビル7F
TEL03-3562-8820（代表）
【大阪支社】
〒530-0001　大阪府大阪市北区梅田1-3-1-500号大阪駅前第1ビル5F501-5号
TEL06-7670-1001
【名古屋支社】
〒450-0002　愛知県名古屋市中村区名駅4-23-13　名古屋大同生命ビル2F
TEL052-446-8430

プロが教える　不動産投資の真実

2018年1月5日　初版発行

著　者　山内　真也
発行人　今　井　修
印　刷　モリモト印刷株式会社
発行所　プラチナ出版株式会社
〒160-0022　東京都中央区銀座1丁目13-1
ヒューリック銀座一丁目ビル7F
TEL 03-3561-0200　FAX03-3562-8821
http://www.platinum-pub.co.jp

ISBN978-4-909357-04-5